PROMESAS DE SANIDAD

JOSEPH PRINCE

CASA CREACIÓN
Para vivir la Palabra

Para vivir la Palabra

MANTÉNGANSE ALERTA;
PERMANEZCAN FIRMES EN LA FE;
SEAN VALIENTES Y FUERTES.
—1 CORINTIOS 16:13 (NVI)

Promesas de sanidad por Joseph Prince
Publicado por Casa Creación
Miami, Florida
www.casacreacion.com
©2012-2022 Derechos reservados

Library of Congress Control Number: 2012945642
ISBN: 978-1-62136-121-3

Desarrollo editorial: *Grupo Nivel Uno, Inc.*
Adaptación de diseño interior y portada: *Grupo Nivel Uno, Inc.*

Publicado originalmente en inglés bajo el título:
Healing Promises
Publicado por Charisma House
Lake Mary, FL 32746 USA
© 2012 Joseph Prince
Todos los derechos reservados.
www.josephprince.com

Impreso en Colombia

22 23 24 25 26 LBS 9 8 7 6 5 4 3 2 1

Contenido

Introducción

Usted es tan precioso y amado por Dios que dio a su Hijo único por usted. Hoy, quiero alentarlo a meditar en la obra consumada de nuestro Señor Jesús y a ver su amor y su gracia hacia usted.

Amado, entre más se enfoque en lo que Jesús ha hecho por usted en la cruz, más experimentará su sanidad divina en su cuerpo y su plenitud en cada parte de su vida.

Le pido a Dios que a medida que usted se sumerja en las promesas de sanidad contenidas en este libro y vea el amor de Dios por usted, ¡experimente la abundancia de la vida de resurrección de Dios en su espíritu, alma y cuerpo!

CAPÍTULO 1

Dios quiere que usted sea sano

Porque de tal manera amó Dios al mundo, que ha dado a su Hijo unigénito, para que todo aquel que en él cree, no se pierda, mas tenga vida eterna. Porque no envió Dios a su Hijo al mundo para condenar al mundo, sino para que el mundo sea salvo por él.

—Juan 3:16–17

Pero Dios mostró el gran amor que nos tiene al enviar a Cristo a morir por nosotros cuando todavía éramos pecadores.

—Romanos 5:8, NTV

Dios lo ama de tal manera

Jesús era la niña de los ojos de Dios. Era el Hijo amado de Dios, su infinito gozo y deleite.

No obstante, Dios entregó a Jesús por usted. Eso es lo mucho que Dios lo ama.

Solamente piénselo: Si usted supiera que podría salvar a una persona moribunda al entregar algo que fuera precioso para usted, ¿iría tan lejos como dar a su hijo único al que ama entrañablemente?

Sin embargo, eso fue exactamente lo que hizo Dios para salvarlo. ¡Jesús, el amado Hijo de Dios, murió en la cruz para limpiarlo, sanarlo y redimirlo: en espíritu, alma y cuerpo! ¡Así de precioso es usted para Dios!

El que no escatimó ni a su propio Hijo,
sino que lo entregó por todos nosotros,
¿cómo no nos dará también con él
todas las cosas?

—**Romanos 8:32**

Su sanidad es parte del trato

Una vez que se dé cuenta de lo mucho que Dios ama a Jesús, su amado Hijo, pregúntese esto: Si Dios voluntariamente entregó a Jesús por mí, ¿me retendría la sanidad?

Si Dios le retuviera su sanidad después de haberle dado a Jesús, querría decir entonces que su sanidad es mayor o más importante que Jesús.

No mi amigo, Él ya le ha dado lo mejor del cielo. ¿Cómo no nos dará liberalmente todas las cosas, incluyendo la sanidad y la plenitud que usted desea?

Ciertamente El llevó nuestras enfermedades, y cargó
con nuestros dolores. Con todo, nosotros Lo tuvimos por
azotado, por herido de Dios y afligido. Pero El fue herido
(traspasado) por nuestras transgresiones, molido por
nuestras iniquidades. El castigo, por nuestra paz, cayó
sobre El, y por Sus heridas (llagas) hemos sido sanados.
—Isaías 53:4–5, NBLH

¡Por su llaga usted es sanado!

Isaías 53 es prueba permanente del amor del Señor por usted y de su deseo por que sea completamente sano. ¿Qué tan importante es su sanidad y su salud para Él? Es tan importante que Jesús mismo pagó el pesado y terrible precio por su sanidad.

Cuando *La pasión de Cristo* de Mel Gibson se estrenó, la gente se quejó de que la escena de la flagelación era demasiado gráfica y violenta. La verdad es que retrató solamente una fracción de lo que nuestro Señor realmente sufrió por nosotros.

Jesús fue azotado tan violentamente por los torturadores romanos que quedó irreconocible. Su carne fue hecha jirones al punto de que sus huesos quedaron expuestos; mostrando un contrastante color blanco entre la sangre y los músculos desgarrados.

Llevó la llaga para que no tuviéramos que hacerlo. Su cuerpo fue tan quebrantado para que el nuestro pudiera ser sanado. ¡Y por su llaga hemos sido curados!

Si DIOS
no le retuvo
lo mejor del cielo
(Jesús) . . .

. . . Él *no le retendrá*
la sanidad.

La noche en que fue traicionado, el Señor Jesús tomó
pan y dio gracias a Dios por ese pan. Luego lo partió en
trozos y dijo: «Esto es mi cuerpo, el cual es entregado por
ustedes. Hagan esto en memoria de mí». De la misma
manera, tomó en sus manos la copa de vino después de
la cena, y dijo: «Esta copa es el nuevo pacto entre Dios y
su pueblo, un acuerdo confirmado con mi sangre. Hagan
esto en memoria de mí todas las veces que la beban».

—1 Corintios 11:23–25, NTV

Participe de la cena para ser sano

Al recordar cómo Jesús vino voluntariamente a salvarlo y sufrir por su sanidad en la cruz, echará fuera todo temor de no recibir sanidad de Él.

De eso es de lo que se trata la participación de la Santa Comunión. Cuando sostenga el pan en su mano, simplemente recuerde cómo el cuerpo de Jesús fue desecho en la cruz para que el suyo pueda ser sanado y restaurado. Diga: "Señor Jesús, gracias por llevar mi enfermedad en tu propio cuerpo en la cruz. Cuando los azotes cayeron a lo largo de tu espalda, mi enfermedad murió. ¡No tiene derecho de permanecer en mi cuerpo!".

Del mismo modo, cuando tome la copa, recuerde que Jesús derramó su sangre para salvarlo. Diga: "Jesús, gracias por el derramamiento de tu sangre que lavó mis pecados y me hizo justo. Como soy justo a tus ojos, la sanidad me pertenece. Recibo tu sanidad y tu vida de resurrección para mi cuerpo ahora".

¡Amado, recuerde al Señor y participe de la cena para recibir su sanidad divina!

De repente, un leproso se le acercó y se arrodilló delante de él.
—Señor —dijo el hombre—, si tú quieres, puedes sanarme
y dejarme limpio. Jesús extendió la mano y lo tocó:
—Sí quiero —dijo—. ¡Queda sano!
Al instante, la lepra desapareció.

—Mateo 8:2–3, NTV

Te devolveré la salud y sanaré tus heridas —dice el Señor—.

—Jeremías 30:17, NTV

ios es poderoso para sanarlo y está dispuesto a hacerlo

En cierta ocasión un leproso se acercó a Jesús diciendo: "Señor, si tú quieres, puedes sanarme y dejarme limpio". Este hombre no tenía ningún problema para creer que Jesús tenía la capacidad y el poder de sanarlo. Simplemente no estaba seguro de que Jesús estuviera dispuesto a hacerlo por él.

Quiero que considere la respuesta de Jesús al leproso y que vea el corazón de Dios para usted en lo que respecta a su sanidad. Jesús le respondió al leproso a través de tocarlo y de decirle: "Sí quiero. ¡Queda sano!".

¿Qué fue lo que dijo Jesús? "**Sí quiero**". ¿Solamente lo dijo, sin hacer nada? No, extendió su mano hacia el leproso y lo restauró.

Hoy, Dios quiere que usted sepa que Él puede Y quiere sanarlo. ¡Empiece a darse cuenta de ello y a creer que Él quiere que usted sea sanado más de lo que usted lo desea!

*No temáis, manada pequeña, porque a vuestro
Padre le ha placido daros el reino.*
—**Lucas 12:32**

*Pues si vosotros, siendo malos, sabéis dar buenas dádivas
a vuestros hijos, ¿cuánto más vuestro Padre que está
en los cielos dará buenas cosas a los que le pidan?*
—**Mateo 7:11**

Dios es su Padre amoroso

Dios quiere que usted sepa que Él no es el tipo de Padre que lo quiere enfermo y derrotado. En lugar de ello, Él es el tipo de Padre que disfruta proveerle para satisfacer sus necesidades. Él es un buen Padre que no le retendrá la sanidad ni tampoco un cuerpo sano.

Como su amado Padre, el gozo de Dios es verlo bendecido con lo mejor. Si usted, a pesar de sus faltas, sabe cómo darle buenas dádivas a sus hijos, ¡cuanto más el Padre en los cielos le dará cosas buenas cuando se lo pida!

Le pido a Dios hoy que usted sepa lo mucho que su Padre lo ama y que se atreva a pedirle lo que necesita.

"PUEDO...

...y también QUIERO".

—*Jesús*

*«¡Socorro, Señor!», clamaron en medio de su dificultad
y él los salvó de su aflicción. Envió su palabra y los
sanó; los arrebató de las puertas de la muerte.*
—**Salmos 107:19–20,** NTV

*El cual nos ha librado de la potestad de las tinieblas, y
trasladado al reino de su amado Hijo, en quien tenemos
redención por su sangre, el perdón de pecados.*
—**Colosenses 1:13–14**

Su redentor lo ha librado de toda enfermedad

¡Jesús voluntariamente descendió del cielo para redimirlo de una
vida de enfermedad, pobreza y muerte a una vida de libertad, salud y bendiciones! Él voluntariamente padeció en la cruz de manera que usted pueda caminar en la plenitud de las bendiciones
de la redención: ¡sanidad divina, restauración, paz y provisión!

Simplemente considere a Jesús y su obra consumada, y vea lo
mucho que Dios lo ama. ¡Verá cómo Dios quiere bendecirlo más
de lo que usted desea serlo, y que Él quiere sanarlo mucho más
de lo que usted quiere ser sano!

Por lo cual estoy seguro de que ni la muerte, ni la vida, ni ángeles, ni principados, ni potestades, ni lo presente, ni lo por venir, ni lo alto, ni lo profundo, ni ninguna otra cosa creada nos podrá separar del amor de Dios, que es en Cristo Jesús Señor nuestro.

—**Romanos 8:38–39**

Amado, yo deseo que tú seas prosperado en todas las cosas, y que tengas salud, así como prospera tu alma.

—**3 Juan 1:2**

Dios quiere que usted siempre prospere y que tenga salud

La Biblia nos dice que el amor de Dios es tan inconmensurable, poderoso y universal que nada nos puede separar de él.

Como Dios nos ama tanto, su deseo sobre todas las cosas es que usted, su amado hijo, sea prosperado en todas las cosas, y que tenga salud así como prospera su alma.

Si un padre terrenal quiere que sus hijos sean felices y saludables, ¿cuánto más Dios, su Padre celestial? ¡Él quiere que usted esté bien y está dispuesto a utilizar su poder para hacer que esté bien!

Porque yo sé los pensamientos que tengo acerca
de vosotros, dice Jehová, pensamientos de paz, y
no de mal, para daros el fin que esperáis.
—Jeremías 29:11

Pues aun los cabellos de vuestra cabeza están todos contados.
No temáis, pues; más valéis vosotros que muchos pajarillos.
—Lucas 12:7

¡Si le causa problemas, Dios quiere encargarse de ello!

Muchos cristianos cometen el error de pensar que Dios está demasiado ocupado encargándose de "lo grande" como para interesarse en los pequeños problemas que están enfrentando.

Pero Dios no es así. Él no solamente es el Dios Todopoderoso, ¡también es su Padre celestial que lo ama! Para Dios, sea que tenga un nuevo grano en la cara, le duela la garganta o la espalda, no importa lo trivial o tópico que suene, si es un problema para usted, ¡él quiere encargarse de ello!

Si, como dice la Biblia, Dios se molesta en llevar la cuenta de cuántos cabellos tiene en la cabeza, entonces no hay síntoma, malestar o dolencia en su cuerpo de la que no esté enterado o preocupado. Su amor por usted es integral, personal y profundo.

…Con amor eterno te he amado…
—Jeremías 31:3

Porque a mis ojos fuiste de gran estima,
fuiste honorable, y yo te amé […]
No temas, porque yo estoy contigo…
—Isaías 43:4–5

Echando toda vuestra ansiedad sobre
él, porque él tiene cuidado de vosotros.
—1 Pedro 5:7

"Con *amor eterno* te he amado *porque eres precioso para mí.* No temas".
—Jesús

Vinieron al otro lado del mar, a la región de los gadarenos. Y cuando salió él de la barca, en seguida vino a su encuentro, de los sepulcros, un hombre con un espíritu inmundo [...] Porque le decía [Jesús]: Sal de este hombre, espíritu inmundo.
—Marcos 5:1–2, 8, énfasis añadido

Porque he descendido del cielo, no para hacer mi voluntad, sino la voluntad del que me envió [...] Y esta es la voluntad del que me ha enviado: Que todo aquél que ve al Hijo, y cree en él, tenga vida eterna...
—Juan 6:38, 40

Él ha hecho todo lo necesario para sanarlo

El endemoniado gadareno fue alguien que estuvo aislado y que fue abandonado y rechazado por la gente. No tenía a quien acudir. La gente le tenía miedo y no había nadie que pudiera mejorar su condición; hasta que vino Jesús.

Jesús cruzó todo el lago de Galilea solamente para sanar a este hombre a pesar de que el diablo lo quiso detener con una tormenta. Viajó una gran distancia solamente para ministrarle sanidad y liberarlo. ¡Ese es el tipo de amante Salvador que es!

Así como Jesús hizo un gran esfuerzo para sanar a un hombre, hizo grandes sacrificios, e incluso murió, para comprarle a usted libertad, bendiciones y salud. ¡Ninguna enfermedad o circunstancia, sin importar lo grave o desastrosa, es mayor que lo que Él ya ha hecho por usted!

Así que, por cuanto los hijos participaron de carne y sangre,
él también participó de lo mismo, para destruir por medio
de la muerte al que tenía el imperio de la muerte, esto es, al
diablo, y librar a todos los que por el temor de la muerte
estaban durante toda la vida sujetos a servidumbre.
—Hebreos 2:14–15

El ladrón no viene sino para hurtar y matar y
destruir; yo he venido para que tengan vida, y
para que la tengan en abundancia.
—Juan 10:10

Rescatado de la muerte

Nunca fue el propósito de Dios que el hombre muriera. Dios
considera la muerte como un enemigo. Odia la muerte. Todas
las cosas que llevan a la muerte—toda forma de enfermedad
y dolencia—no provienen de Dios. Jesús lloró en la tumba de
Lázaro porque recordó que nunca estuvo en el corazón de Dios
que un hombre se enfermara, envejeciera y muriera.

Pero como la consecuencia del pecado es muerte, Dios envió a
Jesús para llevar el castigo por todos nuestros pecados. Y en la cruz,
Jesús conquistó la muerte de una vez por todas, ¡librándonos de
la enfermedad y los padecimientos para siempre!

El corazón de Dios es que usted sea sanado y restaurado. Él lo
ama tanto que envió a Jesús para redimirlo de la muerte. ¡La cruz
de Jesús es la razón por la que hoy puede disfrutar de salud, paz
y vida abundante hoy!

Jehová te guardará de todo mal;
el guardará tu alma.
Jehová guardará tu salida y tu entrada
desde ahora y para siempre.
—**Salmos 121:7–8**

En esto se mostró el amor de Dios
para con nosotros, e
n que Dios envió a su
Hijo unigénito al mundo,
para que vivamos por él.
—**1 Juan 4:9**

El intercambio divino lo ha hecho libre

Jesús llevó la corona de espinas en su cabeza para que pueda tener una mente sana libre de temores, culpa, depresión, ansiedades y tensión.

Los pies de Jesús lo llevaron a lugares donde había carencias, enfermedades, condenación e incluso muerte. En la cruz, esos pies fueron clavados para que no tenga necesidad de estar en esos lugares usted mismo. Lo ha rescatado de tener que aceptar y sufrir estas cosas en la vida.

Jesús no tuvo que hacerlo. Escogió hacerlo. ¿Por qué? Porque lo ama. ¡No se escatimó incluso a sí mismo de tal manera que usted pueda tener cada bendición de salud, restauración y vida abundante!

No tengas miedo de los terrores de la noche ni de la flecha
que se lanza en el día. No temas a la enfermedad que
acecha en la oscuridad, ni a la catástrofe que estalla al
mediodía. Aunque caigan mil a tu lado, aunque mueran
diez mil a tu alrededor, esos males no te tocarán.
—**Salmos 91:5–7**, NTV

NO TEMA.
NO hay enfermedad
o terror que
JESÚS
no haya enfrentado o
DERROTADO POR USTED.

*… yo apartaré la tierra de Gosén, en la cual habita mi
pueblo, para que ninguna clase de moscas haya en ella,
a fin de que sepas que yo soy Jehová en medio de la tierra
[…] Y yo pondré redención entre mi pueblo y el tuyo…*
—**Éxodo 8:22–23**

Caerán a tu lado mil, y diez mil a tu diestra; mas a ti no llegará.
—**Salmos 91:7**

*Y ya no estoy en el mundo; mas éstos están en el mundo, y yo
voy a ti. Padre santo, a los que me has dado, guárdalos en tu
nombre, para que sean uno, así como nosotros […]
No son del mundo, como tampoco yo soy del mundo.*
—**Juan 17:11, 16**

Protegido en el refugio del Altísimo

Cuando hubo plagas y pestes sobre todo el antiguo Egipto porque
Faraón se rehusó a dejar ir al pueblo de Dios, mire lo que dijo Dios
de los hijos de Israel: "…yo apartaré la tierra de Gosén, en la cual
habita mi pueblo […] Y yo pondré redención entre mi pueblo y
el tuyo…". La Biblia registra que aunque Egipto fue azotado con
enjambres de moscas y otras pestes, los israelitas estaban a salvo
en Gosén, ¡completamente libres de los problemas!

No tenga miedo cuando escuche o lea acerca de enfermedades
terribles en el mundo. Como hijo amado de Dios, usted está en
el mundo, pero no es del mundo. Y así como los hijos de Israel
fueron mantenidos a salvo y protegidos en Gosén, así el Señor lo
mantendrá a salvo en el refugio del Altísimo.

Pues no habéis recibido el espíritu de esclavitud para estar
otra vez en temor, sino que habéis recibido el espíritu
de adopción, por el cual clamamos: ¡Abba, Padre!

—Romanos 8:15

En el amor no hay temor, sino que el perfecto amor echa
fuera el temor; porque el temor lleva en sí castigo. De
donde el que teme, no ha sido perfeccionado en el amor.

—1 Juan 4:18

Su perfecto amor echa fuera todo temor

Si piensa que Dios está enojado con usted o que su propósito es castigarlo, ¿cómo puede tener fe de que Él escucha su oración por sanidad? ¿Puede creer en Él para obtener su milagro?

No obstante, la verdad es que Dios lo ama tanto que le dio a Jesús, lo mejor del cielo, de modo que NUNCA pueda ser separado de Él sin importar lo que haya o no haya hecho. Jesús fue a la cruz por usted de manera que Dios siempre esté con usted y a su favor, para sanarlo y hacerle bien.

Cuando usted tiene una revelación profunda de lo mucho que Dios lo ama, no puede permanecer enfermo por mucho tiempo. No temerá que quizá Él le esté reteniendo su poder sanador. Siga alimentándose de su perfecto amor para usted. Siga meditando en él. ¡Es el antídoto seguro contra el temor!

Porque el Hijo del Hombre no vino para ser servido,
sino para servir, y para dar su vida en rescate por muchos.

—Marcos 10:45

Al ponerse el sol, todos los que tenían enfermos
de diversas enfermedades los traían a él;
y él, poniendo las manos sobre cada uno de ellos,
los sanaba.

—Lucas 4:40

Dios quiere que tome de Él

¿Sabía usted que *dar* de hecho trae gozo al corazón de Dios? Cuando usted le exige algo —como considerarlo para sanarlo— usted lo deja ser Dios. Cuando extrae de su plenitud —su abundancia de vida, salud y bendición— ¡usted lo deleita!

Por eso es que Dios quiere que usted venga expectante a Él por sus sanidad hoy. Véalo listo para derramar su abundancia a su favor. Véalo regocijándose cuando usted clama a Él. A medida que vea su corazón de amor que siempre quiere darle, ¡usted verá su sanidad manifestarse!

—Si tan sólo supieras el regalo que Dios tiene para ti y con
quién estás hablando, tú me pedirías a mí, y yo te daría
agua viva [...] todos los que beban del agua que yo doy no
tendrán sed jamás. Esa agua se convierte en un manantial
que brota con frescura dentro de ellos y les da vida eterna.

—Juan 4:10, 14, NTV

Porque sol y escudo es Jehová Dios; gracia y gloria dará
Jehová. No quitará el bien a los que andan en integridad.

—Salmos 84:11

Dios quiere derramar sanidad en usted

Venga a Dios por su sanidad. No titubee. Dios, que está tan lleno de bondad y abundancia, siempre está dispuesto a bendecirlo, preservarlo, sanarlo y restaurarlo.

Jesús estaba cansado físicamente cuando le ministró a la mujer samaritana en el pozo. No obstante, la invitó a tomar de Él el agua viva que nunca se secaría. ¡Cuando se fue, llena en su corazón y regocijándose, fue fortalecida, refrescada y rejuvenecida!

Amado, cuando viene vacío y toma de Dios, de Aquél que tiene suministro interminable, lo honra y lo deja ser Dios. ¡Usted lo libera para derramar su abundante provisión de salud, restauración y paz en su vida!

Una mujer de la multitud hacía doce años que sufría una hemorragia continua. Había sufrido mucho con varios médicos y, a lo largo de los años, había gastado todo lo que tenía para poder pagarles, pero nunca mejoró. De hecho, se puso peor. Ella había oído de Jesús, así que se le acercó por detrás entre la multitud y tocó su túnica. Pues pensó: «Si tan sólo tocara su túnica, quedaré sana». Al instante, la hemorragia se detuvo, y ella pudo sentir en su cuerpo que había sido sanada de su terrible condición.

—**Marcos 5:25–29**, NTV

Escuche cómo Dios siempre es bueno con los enfermos

Ella había estado teniendo una hemorragia continua durante 12 años. La ciencia médica no tenía respuesta. El dinero para pagar medicinas caras se había terminado, con suma seguridad junto con toda la fe y la esperanza de que pudiera ser curada.

Luego un día, ella se enteró de un predicador, maestro y sanador itinerante. Escuchó acerca de su toque compasivo, sus ojos misericordiosos y sus manos sanadoras. Escuchó que todos los que venían a Él para ser sanados eran sanados. De pronto, la fe para creer que ella podía ser la siguiente se encendió en su interior. Y cuando esta mujer tocó a Jesús con esa fe, salió poder de su cuerpo y la sanó instantáneamente.

¿Qué fue lo que encendió su fe? Fue simplemente escuchar acerca de lo bueno, misericordioso y amoroso que era Jesús, de modo que la llevó a creer que era capaz de sanarla y que estaba dispuesto a hacerlo. Dios está igual de deseoso de sanarlo hoy. Solamente enfóquese en su amor por usted. ¡Vea en su corazón que Él lo sana de su condición y la fe se encenderá en usted, generando una explosión de sanidad en su cuerpo!

Así que no se preocupen por todo eso diciendo: "¿Qué
comeremos?, ¿qué beberemos?, ¿qué ropa nos pondremos?".
Esas cosas dominan el pensamiento de los incrédulos,
pero su Padre celestial ya conoce todas sus necesidades.
Busquen el reino de Dios por encima de todo lo demás y
lleven una vida justa, y él les dará todo lo que necesiten.
—Mateo 6:31–33, NTV

Toda buena dádiva y todo don perfecto desciende
de lo alto, del Padre de las luces, en el cual no
hay mudanza, ni sombra de variación.
—Santiago 1:17

¡Su Padre celestial quiere que usted sea bendecido y saludable!

Si usted fuera padre, ¿no querría lo mejor para sus hijos? ¿Le gustaría verlos enfermos, pobres o sufriendo? Por supuesto que no. A usted le gustaría que sus hijos estuvieran bendecidos, fuertes y saludables, y disfrutando las mejores cosas de la vida, ¿no es así?

Piense en esto por un momento. Si usted en la Tierra sabe cómo dar buenas dádivas a sus hijos, ¡cuánto más su Padre en el cielo que lo ama y sabe como bendecirlo a usted y a sus hijos con salud, provisión y protección!

Amado, espere recibir bien de parte del Señor, quien está lleno de gracia y misericordia ¡todos los días!

¿Qué, pues, diremos a esto? Si Dios es por
nosotros, ¿quién contra nosotros?
—**Romanos 8:31**

¿Quién nos separará del amor de Cristo?
¿Tribulación, o angustia, o persecución, o
hambre, o desnudez, o peligro, o espada?
—**Romanos 8:35**

Antes, en todas estas cosas somos más que
vencedores por medio de aquel que nos amó.
—**Romanos 8:37**

Si Dios es por usted, ¿quién contra usted?

Cuando el Dios Todopoderoso es su amoroso Padre y usted es su amado hijo, ¿qué temores puede tener? ¿Temor del futuro? ¿Temor de la enfermedad? ¿Temor de la muerte?

Amado, cuando tenga una revelación de cuánto lo ama Dios y que lo ve completamente justo por la sangre de Jesucristo, todos sus temores se disiparán, porque si Dios es con usted, ¿quién o qué puede estar en su contra? ¿Qué enfermedad puede venir en su contra y derrotarlo?

Así que quite la mirada de sus circunstancias y clame sin temor a su Padre. ¡Él lo ama y nunca lo condenará! ¡Aliméntese de su eterno amor por usted y reciba su sanidad de Él!

Si DIOS *está*
A SU FAVOR
y no está en su contra…

…*entonces* Él *está* a favor
de su sanidad y
en contra *de la enfermedad.*
¿Cómo podrá la enfermedad
prevalecer en su contra?

Cuando Jesús llegó a la entrada de la aldea, salía una procesión fúnebre. El joven que había muerto era el único hijo de una viuda, y una gran multitud de la aldea la acompañaba. Cuando el Señor la vio, su corazón rebosó de compasión. «No llores», le dijo. Luego se acercó al ataúd y lo tocó y los que cargaban el ataúd se detuvieron. «Joven —dijo Jesús—, te digo, levántate». ¡Entonces el joven muerto se incorporó y comenzó a hablar! Y Jesús lo regresó a su madre.

—**Lucas 7:12–15**, NTV

Él es movido a compasión por usted

Hay una historia de Jesús ministrando a una viuda en Naín cuando vio el cadáver de su único hijo siendo llevado fuera de la puerta de la ciudad para ser sepultado. Rebosando de compasión, la buscó y le dijo: "No llores".

En lugar de extenderle más condenación y confusión a la viuda, extendió su compasión y resucitó al joven. Nuestro Señor Jesús es el mismo ayer, hoy y por los siglos, también viene a usted cuando está turbado y le dice: "No llores". Su amor por usted lo moverá a darle el milagro que usted necesita.

Incluso si el doctor le ha dado un reporte negativo, confíe en su compasión hacia usted. Él soplará su vida en cada situación de enfermedad y muerte hasta que usted vea manifiesta su vida de resurrección.

*Amado, yo deseo que tú seas prosperado en todas las
cosas, y que tengas salud, así como prospera tu alma.*

—3 Juan 1:2

*Y cuando llegó la noche, trajeron a él muchos endemoniados;
y con la palabra echó fuera a los demonios, y sanó
a todos los enfermos; para que se cumpliese lo dicho
por el profeta Isaías, cuando dijo: El mismo tomó
nuestras enfermedades, y llevó nuestras dolencias.*

—Mateo 8:16–17

La voluntad perfecta de Dios es que usted sea sanado

No busque más allá de 3 Juan 1:2 para una oración que refleje el
corazón de Dios. ¡Así es como usted sabe que Él lo quiere sanado,
saludable y nunca enfermo, de la misma manera que Él quiere
que su alma prospere!

No vaya por experiencias humanas para saber si Dios quiere
que su pueblo sea sanado hoy. Si usted dice: "Bueno, conozco
cristianos que están enfermos", yo le puedo señalar a muchos
otros a los que Dios ha sanado. No estamos llamados a basar
nuestra fe en experiencias humanas. Somos llamados a creer la
Palabra de Dios.

Amado, nunca ponga sus ojos en la gente y sus experiencias,
ni siquiera en las buenas. La base de su fe siempre debe ser la
Palabra de Dios. ¡Crea que Dios todavía sana porque su Palabra
lo dice!

Si pone la **experiencia**
sobre LA PALABRA DE DIOS
usted se volverá

inestable.

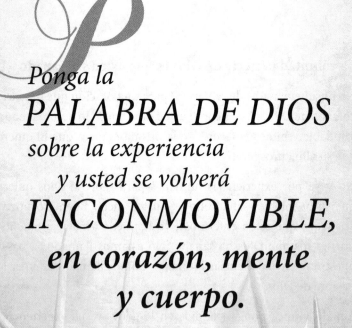

Ponga la
PALABRA DE DIOS
sobre la experiencia
y usted se volverá
INCONMOVIBLE,
en corazón, mente
y cuerpo.

CAPÍTULO 2

Jesús es su sanador

Y llegaron a Mara, y no pudieron beber las aguas de
Mara, porque eran amargas [...] Entonces el pueblo
murmuró contra Moisés, y dijo: ¿Qué hemos de beber?
Y Moisés clamó a Jehová, y Jehová le mostró un árbol;
y lo echó en las aguas, y las aguas se endulzaron...
—Éxodo 15:23-25

Siempre involucre la cruz

Me encanta la historia de cómo Dios convirtió la aguas amargas en aguas dulces y refrescantes para su pueblo cuando llegaron a un lugar llamado Mara (que significa "amargura" en hebreo). Cuando los israelitas no pudieron beber el agua, Moisés clamó al Señor. El Señor le mostró un árbol, que Moisés echó en las aguas. Cuando lo hizo, la Biblia dice que "las aguas se endulzaron".

Me encanta cómo la solución de Dios de entonces sigue siendo la solución de Dios ahora: Eche un árbol —una imagen de Jesús en la cruz— para endulzar las aguas amargas.

Hoy, en medio de las aguas amargas de su condición de dolor, quiero alentarlo a involucrar a Jesús y ver lo que Él hizo por usted en la cruz. El alivio y la sanidad no provienen de morar en su dolor. Traiga el árbol —la cruz de Jesús— ¡y vea sus aguas amargas endulzarse!

Y recorrió Jesús toda Galilea, enseñando en las sinagogas
de ellos, y predicando el evangelio del reino, y sanando
toda enfermedad y toda dolencia en el pueblo.

—Mateo 4:23

Y toda la gente procuraba tocarle, porque
poder salía de él y sanaba a todos.

—Lucas 6:19

Todo el que acudía a Jesús era sanado

¿Sabía que cuando Jesús caminó en la Tierra, más de dos tercios de su ministerio tuvieron que ver con sanar a los enfermos? Él iba sanando a los enfermos y todos los que acudieron a Él fueron sanados. La Biblia registra que "… toda la gente procuraba tocarle, porque poder salía de él y **sanaba a todos**".

Me gustaría que alguien en Hollywood produjera esa escena en Lucas 6:19. Para ver a los enfermos, cojos y ciegos acudiendo a Jesús. Y que cada vez que uno de ellos lo tocará, ¡PUM! su poder sanador fuera liberado poderosamente ¡y la persona fuera sanada y llena de gozo! ¡Esa es una imagen poderosa que tener en mente cada vez que usted le esté creyendo a Dios para su sanidad!

*Su fama se extendió por toda Siria, y le llevaban
todos los que padecían de diversas enfermedades, los
que sufrían de dolores graves, los endemoniados, los
epilépticos y los paralíticos, y él los sanaba.*

—Mateo 4:24, NVI

… yo soy Jehová tu sanador.

—Éxodo 15:26

Vea al verdadero Jesús

La Biblia nos dice que si usted quisiera conocer cómo es Dios,
¡solo tiene que ver a Jesús! Si usted quiere conocer qué piensa
el Padre acerca de sanar a los enfermos, ¡solamente vea a Jesús!
Jesús SIEMPRE sanó a los enfermos que acudían a Él. Los ciegos,
cojos, mudos, sordos y poseídos por demonios, ¡los sanó a
TODOS!

Jesús NUNCA hizo que alguien se enfermara. Usted puede
ver a Jesús sanando a los leprosos cuando estaba en la Tierra,
pero nunca lo va a ver llamando a alguien para decirle: "Estás
demasiado saludable y bien parecido. ¡Recibe un poco de lepra
para que aprendas a ser humilde!". No, cuando un leproso
acudió a Él, inseguro de que Jesús quisiera sanarlo, Jesús, lleno
de compasión, le dijo firmemente: "Quiero. Sé limpio".

Ese es su Jesús. Ese es su Dios. Él es el Señor que lo sana: ¡hoy y
siempre!

*... Dios ungió con el Espíritu Santo y con poder a Jesús
de Nazaret, y cómo éste anduvo haciendo bienes
y sanando a todos los oprimidos por el diablo,
porque Dios estaba con él.*

—Hechos 10:38

Jesucristo es el mismo ayer, y hoy, y por los siglos.

—Hebreos 13:8

Todavía está en el juego

Jesús hizo de la sanidad divina una prioridad durante su ministerio terrenal. La Biblia nos dice que el "anduvo haciendo bienes y sanando **a todos** los oprimidos por el diablo". De hecho, **todos** y **cada uno** de los que acudieron a Él por sanidad—sin importar si era para sus hijos, siervos, amigos o para sí mismos—recibieron su sanidad. Ni uno solo de los que acudieron a Él se fue sin recibir sanidad de Él.

Y Jesús quien es "el mismo ayer, y hoy, y por los siglos", hará lo mismo por usted hoy. Su corazón todavía late con compasión por usted. ¡Él nunca perderá la oportunidad de hacerle bien—sanar su cuerpo quebrantado, las cicatrices emocionales y su espíritu fatigado—y bendecirlo!

Ningún habitante dirá: «Estoy enfermo.» Dios
perdonará los pecados a los habitantes de Sión.

—Isaías 33:24, DHH

Pero él fue traspasado por nuestras rebeliones y
aplastado por nuestros pecados. Fue golpeado
para que nosotros estuviéramos en paz, fue
azotado para que pudiéramos ser sanados.

—Isaías 53:5, NTV

Tanto el perdón como la sanidad son suyos

Dios lo ama tanto que no solo hizo que Jesús cargara sus pecados en la cruz, sino también sus enfermedades. AMBOS, su perdón y su sanidad son parte de la obra consumada de Jesús en el Calvario. ¡Él fue aplastado por sus pecados, y también fue azotado, flagelado y latigueado por su sanidad!

Mi amigo, Dios ya lo ha sanado de todas sus enfermedades, aflicciones y dolores en la cruz. Quizá haya escuchado la enseñanza de que la sanidad es una "bendición adicional" porque está sobre y por encima de la salvación. Pero nada podría estar más lejos de la verdad. Su salvación, comprada por Jesús en la cruz incluye sanidad. Actualmente, a causa de la cruz de Jesús, usted tiene el derecho a la RESTAURACIÓN TOTAL, ¡tanto por dentro como por fuera!

Porque yo Jehová no cambio…
—**Malaquías 3:6**

Pero tú siempre eres el mismo; tú vivirás para siempre.
—**Salmos 102:27, ntv**

Y Jesús le dijo: Yo iré y le sanaré.
—**Mateo 8:7**

Él nunca *ha cambiado.*
Siempre constante,
siempre compasivo,
Jesús SIGUE
SANÁNDOLO HOY.

¡Den gracias al Señor, porque él es bueno!
Su fiel amor perdura para siempre.
—**1 Crónicas 16:34, NTV**

Nosotros sabemos cuánto nos ama Dios y hemos
puesto nuestra confianza en su amor.
—**1 Juan 4:16, NTV**

El ladrón no viene sino para hurtar y matar y
destruir; yo he venido para que tengan vida, y
para que la tengan en abundancia.
—**Juan 10:10**

Dios no tiene la intención de destruirlo

¡La Biblia nos dice claramente que Dios es un Dios de amor, y nuestro Dios de amor es un Dios bueno! Él es un Dios que anhela hacerle bien a su pueblo. ¡De hecho, Dios desea cargar a sus hijos de beneficios cada día!

Mi amigo, nunca cometa el error de pensar que un Dios bueno le dé enfermedades, malestares y todo tipo de aflicciones físicas. Dios es constante y constantemente bueno. Las enfermedades, por otro lado, siempre son malas. Son parte de la maldición. Su propósito es destruir a una persona.

¡Nuestro Dios bueno nos dio a su Hijo, Jesús, para que no seamos destruidos sino que tengamos VIDA, y VIDA EN ABUNDANCIA! El Señor no le quita vida. ¡En lugar de ello, Él da, multiplica y le restaura vida y salud!

Y quitará Jehová de ti toda enfermedad;
y todas las malas plagas de Egipto,
que tú conoces, no las pondrá sobre ti.
—**Deuteronomio 7:15**

... en los últimos días,
temblarán de asombro ante
el Señor y su bondad.
—**Oseas 3:5, NTV**

Dios es un buen Padre

Deje de creer la MENTIRA de que Dios le da enfermedades, malestares y accidentes para castigarlo o enseñarle una lección. Estas cosas son del diablo, y a causa de la obra consumada de Jesús, hemos sido redimidos de cada obra maligna y maldición. Podemos recibir protección de cada suceso maligno, malestar y enfermedad. Y por las llagas de la espalda de Jesús, ¡somos sanados!

¡No pelee por el derecho a estar enfermo y ser derrotado cuando Dios está lleno de gracia y misericordia, y quiere que esté saludable, que sea bendecido y que esté protegido de todo suceso maligno! Comience a esperar buenos regalos del Señor. Rechace todo lo que sugiera remotamente que Dios está enojado con usted y que lo disciplina con enfermedades y accidentes. ¡Dios es un buen Dios y un buen Padre!

El te librará del lazo del cazador,
de la peste destructora.

—Salmos 91:3

Lo saciaré de larga vida,
y le mostraré mi salvación.

—Salmos 91:16

Dios lo sacia de larga vida

El corazón de Dios nunca ha sido que usted muera prematuramente, ni que viva una vida miserable. Salmos 91:16 dice: "Lo saciaré de larga vida, y le mostraré mi salvación".

Esto significa que Dios no solamente quiere que usted tenga una larga vida, ¡sino que tenga una vida satisfactoria que esté llena de su paz, provisión y gozo! En el versículo, la palabra "salvación" es la palabra hebrea "Yeshua", el nombre de Jesús. ¡Así que Dios los satisfará con una larga vida que esté llena de Jesús y su gracia!

La enfermedad crónica, la depresión o una vida corta no es, ni nunca será, parte del plan de Dios para usted. ¡Él quiere que usted experimente una larga vida plena en la que camine en todas las bendiciones de salud, solidez y provisión que Él le ha dado a través de Jesús!

¿Verdadero o falso?

Dios enferma a la gente.

Respuesta: Falso.

¿Verdadero o falso?

Dios es un buen Dios y un buen Padre.

Respuesta: Verdadero.

Y los soldados entretejieron una corona de
espinas, y la pusieron sobre su cabeza…
—Juan 19:2

Jehová te guardará de todo mal; el guardará tu alma. Jehová
guardará tu salida y tu entrada desde ahora y para siempre.
—Salmos 121:7–8

… No temas […] porque yo te protegeré,
y tu recompensa será grande.
—Génesis 15:1, NTV

Su mente le importa a Él

Los doctores nos dicen que muchas de las enfermedades que sufrimos en nuestros cuerpos son psicosomáticas: son resultado de una tensión mental o emocional bajo la que nos hemos puesto.

Tal vez usted fue maltratado o lastimado emocionalmente por alguien de su confianza. Quizá se siga sintiendo enojado y lastimado cuando piensa en ello. Amado, quiero alentarlo a que comience a involucrar a Jesús. Él es su respuesta. Vea al Señor abrazándolo, suavemente sanando sus heridas. Véalo restaurándolo, poniendo valentía en su corazón y llevándose todo sentimiento de vergüenza y culpa.

En la cruz, Jesús llevó sobre sí mismo el amargo aguijón de cada una de sus frustraciones, heridas y dolores emocionales cuando llevó la corona de espinas en lugar de usted. Lo hizo para que usted pueda ser libre de temores, depresión y estrés, y disfrutar su paz y reposo en su corazón, mente y cuerpo.

El Señor es mi pastor; tengo todo lo que necesito.
En verdes prados me deja descansar;
me conduce junto a arroyos tranquilos.
Él renueva mis fuerzas.
Me guía por sendas correctas,
y así da honra a su nombre.

—Salmos 23:1–3, NTV

Yo soy el buen pastor;
el buen pastor su vida da por las ovejas.

—Juan 10:11

Jesús es su buen pastor

Cuando yo era un nuevo creyente, escuché a un predicador decir: "Con el fin de atraer a una oveja descarriada de vuelta a él, el pastor le rompe las piernas. Cuando ya no puede caminar, cuida de la oveja hasta que recupera su salud. Una vez que está saludable de nuevo, la oveja queda apegada a él". ¡Esa terrible imagen del pastor se quedó grabada en mi cabeza durante años!

Un día, pude hablar con un pastor real para ver si esa historia era verdad. Horrorizado, respondió: "¡Qué tontería! ¿Qué tipo de pastor hace eso?".

Tristemente, hay personas hoy en día que todavía creen estas tonterías. Amado, Jesús es su **buen** pastor. Si Él es su Pastor, no le faltará nada. Él es su provisión de todo lo que necesita. Él no le "rompe las piernas". ¡En lugar de ello, lo conduce a lugares de reposo, refrigerio, sanidad y renovación de fuerzas!

Dios los eligió a ustedes para que compartan
todo con su Hijo Jesucristo, nuestro Señor, y
él siempre cumple su palabra.
—**1 Corintios 1:9, tla**

Dando gracias al Padre que nos hizo aptos para
participar de la herencia de los santos en luz.
—**Colosenses 1:12**

Y toda la gente procuraba tocarle, porque
poder salía de él y sanaba a todos.
—**Lucas 6:19**

Colaboradores y participantes

No se equivoque: Jesús es la forma de vida más pura, y Él nos ha llamado a compartir con Él íntimamente este increíble tipo de vida divina. Es una vida en la que las enfermedades y los padecimientos NO TIENEN LUGAR. Y cuando usted se volvió un creyente nacido de nuevo, Dios lo calificó para participar de esta vida.

Frente a sus síntomas, en medio de sus temores y preocupaciones, véase a usted mismo —espíritu, alma y cuerpo— sumergido y rodeado de la misma vida que llena a nuestro Señor Jesús. ¡Eso se tragará todo síntoma de dolor, debilidad y muerte hasta que usted se encuentre andando en su plenitud!

Jesús se detuvo y dijo:
—Llámenlo.
Así que llamaron al ciego.
—¡Ánimo! —le dijeron—. ¡Levántate! Te llama.
Él, arrojando la capa, dio un salto y se acercó a Jesús.
—¿Qué quieres que haga por ti? —le preguntó.
—Rabí, quiero ver —respondió el ciego.
—Puedes irte —le dijo Jesús—; tu fe te ha sanado.
Al momento recobró la vista y empezó
a seguir a Jesús por el camino.
*—**Marcos 10:49-52, NVI***

Su necesidad es lo que lo califica

Bartimeo era un mendigo ciego en la puerta de Jericó. Hablando de ser insignificante. No solamente era otro limosnero en un lugar que probablemente estaba plagado de ellos, ni siquiera tenía un verdadero nombre: ¡"Bartimeo" simplemente quiere decir "hijo de Timeo"!

No obstante, Jesús, el Rey del cielo y el Hijo de Dios encarnado, se detuvo en su camino cuando este mendigo ciego, sin nombre y a menudo ignorado, clamó a Él. Jesús lo escuchó y tuvo compasión de Él y respondió a su necesidad. Trató a Bartimeo con respeto, se identificó con el deseo de su corazón y lo liberó para que pudiera ver de nuevo.

Como Bartimeo, **su necesidad lo califica para su milagro**. Y cuando se trata de su necesidad, ¡NUNCA es demasiado insignificante para Jesús!

Y había allí una mujer que desde hacía dieciocho años tenía
espíritu de enfermedad, y andaba encorvada, y en ninguna
manera se podía enderezar. Cuando Jesús la vio, la llamó y
le dijo: Mujer, eres libre de tu enfermedad. Y puso las manos
sobre ella; y ella se enderezó luego, y glorificaba a Dios.
—**Lucas 13:11–13**

Por eso te pido que muestres tu gran poder.
Tú mismo has dicho.
—**Números 14:17**, TLA

¡Usted es liberado de la maldición!

Una de mis historias favoritas es la de Jesús cuando sanó a una mujer encorvada a causa de un espíritu de enfermedad durante 18 años. Imagínese nunca poder ver el cielo o los arco iris, sino solo el polvo de la tierra y los pies sucios de la gente: ¡qué existencia tan dolorosa!

Me gusta la manera en que Jesús la vio y de inmediato la llamó para que recibiera un milagro de Él. La mujer había estado atada en esta condición durante 18 años, un número que representa cautiverio en la Biblia. Cuando Jesús le dijo: "Mujer, eres libre de tu enfermedad", estaba proclamando libertad sobre ella y liberándola de la atadura del diablo. Le impuso las manos y de inmediato recibió su sanidad.

Hoy, usted ya ha sido liberado de la maldición de la enfermedad por el perfecto y único sacrificio de Jesús en la cruz. ¡Proclame su libertad obtenida por la obra consumada de Jesús!

Y se le acercó mucha gente que traía consigo a cojos, ciegos, mudos, mancos, y otros muchos enfermos; y los pusieron a los pies de Jesús, y los sanó.

—Mateo 15:30

Jesús se compadeció de ellos y les tocó los ojos. Al instante recobraron la vista y lo siguieron.

—Mateo 20:34, nvi

Todo lo que necesita hacer para que Dios lo sane es

venir a Él

con su necesidad.

Uno de ellos era un hombre que hacía treinta y ocho
años que estaba enfermo. Cuando Jesús lo vio y supo que
hacía tanto que padecía la enfermedad, le preguntó:

—¿Te gustaría recuperar la salud?

—Es que no puedo, señor —contestó el enfermo—, porque
no tengo a nadie que me meta en el estanque cuando
se agita el agua. Siempre alguien llega antes que yo.

Jesús le dijo: —¡Ponte de pie, toma tu camilla y anda!
¡Al instante, el hombre quedó sano!
Enrolló la camilla, ¡y comenzó a caminar!
—Juan 5:5–9, NTV

Dios es nuestro amparo y fortaleza, nuestro
pronto auxilio en las tribulaciones.
—Salmos 46:1

Él es todo lo que usted necesita

Un hombre paralizado durante 38 años, yacía junto al estanque de Betesda esperando que un ángel viniera a mover las aguas; se sabía que el primero en bajar a las aguas sería sanado de su enfermedad. Pero a causa de su parálisis, el hombre nunca podía ser el primero en zambullirse. Así que seguía esperando allí, con la esperanza de un milagro.

Luego un día, se encontró con un Hombre más superior que los ángeles—Jesús—que lo encontró cuando más necesitado estaba. Jesús se acercó al paralítico, y este hombre, quien había estado sufriendo durante tantos años, se fue completamente sanado.

Jesús quiere encontrarse hoy con usted en su momento de más necesidad. No necesita temporadas o circunstancias especiales o ángeles para ver la manifestación de su sanidad. Usted solamente necesita al Señor, quien está aquí en este momento para sanarlo. ¡Él es su verdadera ayuda presente en el tiempo de necesidad!

Pero de una cosa estoy seguro: he de ver la bondad
del Señor en esta tierra de los vivientes.
—Salmo 27:13, NVI

Alabad a Jehová, porque él es bueno; porque
para siempre es su misericordia.
—Salmos 118:1

Mi fortaleza y mi cántico es JAH, y él me ha sido
por salvación.
—Salmos 118:14

La bondad de Dios es su solución

En medio de los sentimientos y los síntomas físicos que pueden cambiar de un día a otro, dos cosas permanecen constantes: El Señor es bueno, ¡y Él quiere ser bueno con usted!

Hoy, aunque haya cosas malas en su cuerpo o en su vida, usted puede decir con el salmista:

> *De una cosa todavía estoy seguro: He de ver la bondad del Señor en esta tierra de los vivientes.*

¡Cuál sea el desafío físico que esté enfrentando, la bondad del Señor vendrá a su rescate!

CAPÍTULO 3

Reciba libremente su sanidad

*Unos hombres le llevaron a un paralítico en una
camilla. Al ver la fe de ellos, Jesús le dijo al paralítico:
«¡Ánimo, hijo mío! Tus pecados son perdonados».*
—**Mateo 9:2**, NTV

*… les demostraré que el Hijo del Hombre tiene autoridad
en la tierra para perdonar pecados. Entonces Jesús miró al
paralítico y dijo: «¡Ponte de pie, toma tu camilla y vete a tu
casa!». ¡El hombre se levantó de un salto y se fue a su casa!*
—**Mateo 9:6–7**, NTV

*Amado, yo deseo que tú seas prosperado en todas las
cosas, y que tengas salud, así como prospera tu alma.*
—**3 Juan 1:2**

"¡Tus pecados son perdonados!"

Impertérritos por las multitudes que bloqueaban su camino, cuatro amigos penetraron por el techo de la casa en la que estaba Jesús y bajaron a su amigo paralítico en su camilla, justo frente a Jesús. Cuando Jesús vio al hombre enfermo, le dijo: "¡Ánimo, hijo mío! Tus pecados son perdonados".

Estas palabras valientes y generosas escandalizaron a algunos escribas legalistas que estaban allí, pero penetraron y restauraron el alma del pobre paralítico. Durante años, probablemente había creído que estaba paralizado por sus pecados. Jesús le dijo al hombre: "¡Ponte de pie, toma tu camilla y vete a tu casa!". ¡Y el paralítico **se levantó de un salto!**

Ponga atención a esto: Antes de que el hombre pudiera recibir sanidad del Señor necesitaba estar seguro de que sus pecados estaban perdonados. ¡Quiero que sepa en este momento que SUS PECADOS HAN SIDO PERDONADOS porque cree en Jesús!

Os escribo a vosotros, hijitos,
porque vuestros pecados os han sido
perdonados por su nombre.
—1 Juan 2:12

El cual nos ha librado de la potestad de las tinieblas,
y trasladado al reino de su amado Hijo,
en quien tenemos redención por su sangre,
el perdón de pecados.
—Colosenses 1:13–14

Un fundamento de justicia para su perdón

Es a causa de JESÚS que sus pecados son perdonados. En la cruz, Él llevó sus pecados y fue castigado a lo máximo por la feroz ira de Dios. Él hizo una obra perfecta para remover nuestro pecado de una vez y para siempre, por eso es que pudo clamar: "CONSUMADO ES".

Amado, el muro de pecado que alguna vez estuvo entre usted y Dios ha sido derribado por la obra consumada de Jesús. Su sangre derramada en el Calvario ha lavado sus pecados y liberado la oleada de las bendiciones de Dios a su favor.

Hoy, usted tiene un fundamento de justicia sólido como una roca para su perdón y su sanidad: ¡Jesús y su obra consumada!

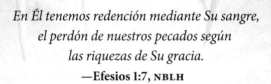

En Él tenemos redención mediante Su sangre,
el perdón de nuestros pecados según
las riquezas de Su gracia.
—**Efesios 1:7**, NBLH

La gracia de Dios
no conoce límites.

¡Usted ha sido perdonado
conforme
a las riquezas
de su gracia!

… Dios les dio vida con Cristo al
perdonar todos nuestros pecados.
—**Colosenses 2:13,** NTV

A diferencia de los demás sumos sacerdotes,
no tiene necesidad de ofrecer sacrificios cada día.
Ellos los ofrecían primero por sus propios pecados
y luego por los del pueblo. Sin embargo, Jesús lo
hizo una vez y para siempre cuando se ofreció a sí
mismo como sacrificio por los pecados del pueblo.
—**Hebreos 7:27,** NTV

Cuando él murió, murió una sola vez,
a fin de quebrar el poder del pecado;
pero ahora que él vive,
vive para la gloria de Dios.
—**Romanos 6:10,** NTV

Todo está perdonado de una vez y por todas

Mi amigo, estas son las buenas noticias: TODOS sus pecados
—pasados, presentes y futuros— ¡han sido perdonados! La sangre
de Jesús los ha lavado todos, y gracias al perfecto sacrificio de
Jesús en la cruz, Dios no lleva un inventario de sus pecados.

Amado, no siga siendo engañado. ¡TODO está perdonado! Jesús
lo hizo DE UNA VEZ Y PARA SIEMPRE. ¡Todo ha terminado!
¡Hoy, sus pecados no pueden detener a Dios de sanarlo!

Ciertamente llevó él nuestras enfermedades, y sufrió nuestros dolores; y nosotros le tuvimos por azotado, por herido de Dios y abatido. Mas él herido fue por nuestras rebeliones, molido por nuestros pecados; el castigo de nuestra paz fue sobre él, y por su llaga fuimos nosotros curados.
—Isaías 53:4–5

Bendice, alma mía, a Jehová, y no olvides ninguno de sus beneficios. Él es quien perdona todas tus iniquidades, el que sana todas tus dolencias.
—Salmos 103:2–3

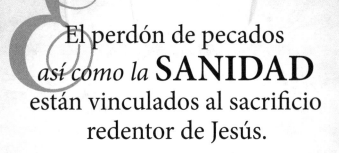

El perdón de pecados *así como la* **SANIDAD** están vinculados al sacrificio redentor de Jesús.

Él sigue en el negocio de perdonar y sanar.

¡Reciba su perdón *y reciba su sanidad hoy!*

Pues tendré misericordia de sus iniquidades,
y nunca más me acordaré de sus pecados.
—Hebreos 8:12, nblh

Añade: Y nunca más me acordaré de
sus pecados y transgresiones.
—Hebreos 10:17

Él ya no recuerda sus pecados

"¿Por qué te debe sanar Dios? ¿Ya olvidaste lo que hiciste?".

¿Tales pensamientos han cruzado por su mente y lo han desalentado de recurrir a Dios por su sanidad? Mi amigo, los pensamientos que lo condenan no son de Dios ni del Espíritu Santo. Provienen del diablo. El enemigo lo quiere consciente de su pecado e incluso le dirá que es "piadoso" tener sus fallas en mente.

Pero Dios no lo quiere consciente de su pecado: eso no es honrar lo que su Hijo hizo por usted en la cruz. ¡De hecho, declara en su Palabra que sus pecados y transgresiones ya no las recuerda! Dios no lleva una relación detallada de sus pecados. ¿Por qué usted sí?

Amado, no sea consciente de sus pecados hoy. ¡Sea consciente del Hijo de Dios y vea su sanidad manifestarse!

Mientras caminaba, Jesús vio a un hombre que era ciego de nacimiento. —Rabí, ¿por qué nació ciego este hombre? —le preguntaron sus discípulos—. ¿Fue por sus propios pecados o por los de sus padres? —No fue por sus pecados ni tampoco por los de sus padres —contestó Jesús—, nació ciego para que todos vieran el poder de Dios en él. Debemos llevar a cabo cuanto antes las tareas que nos encargó el que nos envió. Pronto viene la noche cuando nadie puede trabajar; pero mientras estoy aquí en el mundo, yo soy la luz del mundo. Luego escupió en el suelo, hizo lodo con la saliva y lo untó en los ojos del ciego. Le dijo: «Ve a lavarte en el estanque de Siloé», (Siloé significa «enviado»). Entonces el hombre fue, se lavó, ¡y regresó viendo!
—**Juan 9:1–7, NTV**

Jesús es su solución

Me encanta que nuestro Señor Jesús sea un Dios tan amoroso y práctico. Cuando hay un problema, Él va directo a la solución.

Antes de que Jesús se encargara de sanar al hombre que nació ciego, sus discípulos estaban enfrascados en descubrir por causa del pecado de quién había nacido ciego el hombre. ¡Jesús, por otro lado, solamente estaba interesado en usar su poder para hacer que el pobre hombre viera!

De la misma manera en que Jesús no se dejó atrapar por el "juego de echar la culpa" él tampoco quiere que usted se deje atrapar. Así que no pregunte cuál pecado provocó su enfermedad. Olvídese de lo que debió o no debía hacer o por qué sucedió. Preocúpese más bien por la solución: Jesucristo, quien a través de la cruz ha removido cada pecado de su vida ¡y quien quiere obrar un milagro en su cuerpo!

Ahora, pues, ninguna condenación hay
para los que están en Cristo Jesús.

—Romanos 8:1

Entonces, ¿quién nos condenará? Nadie, porque
Cristo Jesús murió por nosotros y resucitó por
nosotros, y está sentado en el lugar de honor, a
la derecha de Dios, e intercede por nosotros.

—Romanos 8:34, NTV

No más condenación

Mucha gente está enferma actualmente a causa de la culpa y la condenación. ¡La condenación mata! La gente se condena por sus pecados y fracasos, reciben condenación de otros e incluso piensan que Dios los está condenando a una vida de enfermedad.

Las buenas noticias del evangelio son que NO HAY ABSOLU-TAMENTE ninguna condenación para nosotros que estamos en Cristo, ¡porque Cristo ya fue condenado en nuestro lugar en el Calvario!

Amado, si extiende su mano y recibe el regalo de Dios de no condenación, recibirá su sanidad, ¡completamente pagada por la sangre de su Hijo!

Enderezándose Jesús, y no viendo a nadie sino a la mujer,
le dijo: Mujer, ¿dónde están los que te acusaban?
¿Ninguno te condenó? Ella dijo: Ninguno, Señor.
Entonces Jesús le dijo: Ni yo te condeno;
vete, y no peques más.

—Juan 8:10–11

Nadie me condena

Ella nunca esperó ser sorprendida en el acto de adulterio, mucho menos ser arrastrada hasta el Maestro y ser echada a sus pies. Los que lo hicieron sintiéndose justos esperaban que Jesús la condenara. Ninguno de ellos estaba preparado para escucharlo decir: "¡Que los que nunca hayan pecado tiren las primeras piedras!". Acusados por su conciencia, se fueron, uno por uno. A solas con Jesús, ella lo escuchó decir: "¿Dónde están los que te acusaban? ¿Ninguno te condenó?".

Jesús sabía lo importante que era para esta mujer darse cuenta y decir: "Nadie me condena, Señor". El único que podía condenarla no lo hizo porque iba a ir a la cruz para ser castigado y condenado en su lugar.

Algo sucede cuando uno sabe que Dios no lo condena gracias a la cruz. La mujer recibió el poder de ir y no pecar más (que era el problema que tenía). Usted recibirá el poder de levantarse de la postración de la enfermedad, ¡y ya no estar enfermo!

Nuestros pecados ha alejado de nosotros,
como ha alejado del oriente el occidente.
—Salmos 103:12, DHH

¿Puede medir qué tan
lejos se encuentra el Oriente
del Occidente?

*¡Así **ha alejado***
DIOS
sus pecados
de usted!

*Porque esto me será como en los días de Noé,
cuando juré que nunca más las aguas de Noé pasarían
sobre la tierra; así he jurado que no me enojaré
contra ti, ni te reñiré. Porque los montes se moverán,
y los collados temblarán, pero no se apartará de ti mi
misericordia, ni el pacto de mi paz se quebrantará,
dijo Jehová, el que tiene misericordia de ti.*
—Isaías 54:9–10

Dios no está enojado: El arco iris en el cielo

Me encantan los arco iris. ¿A quién no? ¿Pero sabe cómo surgió el hermoso arco iris?

En el libro de Génesis, Dios puso un hermoso arco iris en el cielo para recordarse a sí mismo y a nosotros de su juramento de nunca volver a inundar la Tierra de nuevo. Luego, en el libro de Isaías, declaró que así como había jurado nunca volver a inundar la Tierra de nuevo, **ha jurado nunca estar enojado con nosotros otra vez**.

Mi amigo, Dios NO está enojado con usted hoy gracias al pacto de paz establecido por la sangre de Jesús. Hoy, vea al Señor sonriéndole, ¡dispuesto a bendecirlo y sanarlo!

Al que no conoció pecado, por nosotros lo hizo pecado,
para que nosotros fuésemos hechos justicia de Dios en él.
—2 Corintios 5:21

… nos salvó, no por obras de justicia que nosotros
hubiéramos hecho, sino por su misericordia…
—Tito 3:5

… se levantará el Sol de Justicia con sanidad en sus alas…
—Malaquías 4:2, NTV

No solamente perdonado, sino también hecho justo

Mi amigo, en la cruz, Jesús no solamente se llevó sus pecados, ¡también le dio su justicia! Se llevó a cabo un intercambio divino: sus pecados por su justicia. Eso significa que hoy usted es tan justo como Cristo mismo; ¡no por sus buenas obras, sino por su obra consumada!

Coloque su mano sobre su corazón en este momento y declare con denuedo:

Yo, (declare su nombre), ¡SOY la justicia de Dios en Cristo!

Vamos, dígalo fuerte por lo menos tres veces y créalo en su corazón cada día. Si el enemigo le dice: "Eres un mal cristiano, por eso estás enfermo", solamente declare: "¡SOY JUSTO EN CRISTO!". ¡Cuando usted honre la obra del Hijo, lo verá levantarse "con sanidad en sus alas" para cada debilidad, malestar y dolor!

*Pues si por la transgresión de un solo hombre reinó
la muerte, con mayor razón los que reciben en
abundancia la gracia y el don de la justicia reinarán
en vida por medio de un solo hombre, Jesucristo.*
—**Romanos 5:17**, NVI

*El justo florecerá como la palmera;
crecerá como cedro en el Líbano.*
—**Salmos 92:12**

*No aparta Sus ojos de los justos, y con los reyes
sobre el trono los ha sentado para siempre.*
—**Job 36:7**, NBLH

Los que saben que son justos reinan

¿Por qué es tan importante saber y creer que usted es la justicia
de Dios en Cristo? Porque son aquellos que saben y creen que
son justos en Cristo los que *reinarán en vida.*

Cuando usted reine en vida, **reinará sobre** el pecado, la pobreza,
la depresión, las adicciones y todo tipo de enfermedades. Tener
un cuerpo fuerte y robusto es parte de reinar en vida. ¡En lugar
de la muerte y de todas sus formas relacionadas reinantes, la vida
y la vida en abundancia reinarán en usted!

Así que cada día, reciba el don de la justicia de Dios por medio
de simplemente agradecerle por ella, creyéndolo en su corazón
y diciéndoselo a sí mismo. ¡Amado, usted puede comenzar a
reinar en vida hoy!

Cuando él murió, murió una sola vez,
a fin de quebrar el poder del pecado;
pero ahora que él vive,
vive para la gloria de Dios.
—Romanos 6:10, NTV

… Dios estaba en Cristo reconciliando consigo al mundo,
no tomándoles en cuenta a los hombres sus pecados…
—2 Corintios 5:19

Ningún poder en las alturas ni en las profundidades,
de hecho, nada en toda la creación podrá
jamás separarnos del amor de Dios, que está
revelado en Cristo Jesús nuestro Señor.
—Romanos 8:39, NTV

Sus pecados ya no son un problema para Dios.

NADA

lo podrá separar del

amor de Dios.

Entonces, ¿qué lo detiene de extender su mano y recibir su sanidad?

Tu justicia es justicia eterna…
—**Salmos 119:142**

Porque así como por la desobediencia de un hombre los muchos fueron constituidos pecadores, así también por la obediencia de uno, los muchos serán constituidos justos.
—**Romanos 5:19**

David habla de la bienaventuranza del hombre a quien Dios atribuye justicia sin obras.
—**Romanos 4:6**

El Señor da vista a los ciegos, el Señor sostiene a los agobiados, el Señor ama a los justos.
—**Salmos 146:8, NVI**

Justo para siempre a través de la obediencia de Cristo

Como la justicia que el Señor le ha dado no está basada en lo que usted hizo, sino en lo que Él hizo en el Calvario, usted no puede perder su justicia a través de lo malo que haga. Y si usted es justo, la sanidad, una bendición que le pertenece a los justos, ¡le pertenece a usted!

Cuando usted se dé cuenta de que no puede ganarse su justicia, se dará cuenta que sus faltas no pueden causar que usted pierda su justicia, y, como consecuencia, tampoco su derecho a la sanidad de Dios.

¡Amado, **es justo para siempre** gracias a la obediencia de JESÚS (no de su propia obediencia) y de su obra consumada! ¡A través de su perfecto sacrificio, Él lo ha calificado para la sanidad, restauración y larga vida!

Hoy te he dado a elegir entre la vida y la muerte,
entre bendiciones y maldiciones. Ahora pongo al cielo
y a la tierra como testigos de la decisión que tomes.
¡Ay, si eligieras la vida, para que tú y
tus descendientes puedan vivir!
—Deuteronomio 30:19, ntv

La muerte y la vida están en poder de la lengua…
—Proverbios 18:21

En el camino de la justicia está la vida;
y en sus caminos no hay muerte.
—Proverbios 12:28

Pero teniendo el mismo espíritu de fe, conforme a
lo que está escrito: Creí, por lo cual hablé, nosotros
también creemos, por lo cual también hablamos.
—2 Corintios 4:13

¡Escoja la vida hoy!

Usted puede escoger la vida hoy. ¿Cómo? A través de darse cuenta de que la vida y la muerte están en poder de su lengua. Así que usted puede caminar y reinar en vida todos los días: en lugar de quejarse de sus síntomas, simplemente agradézcale a Dios por su regalo de justicia y declare su justicia en Cristo.

Diga esta oración conmigo:

> *Jesús, gracias por no solamente amarme y remover mis pecados, sino por también darme tu justicia eterna.*
>
> *Tú ERES mi justicia, hoy, mañana y para siempre. Y como yo soy justo, REINARÉ EN VIDA a través de ti. ¡Reinaré sobre el pecado y la enfermedad, y llevaré una vida que te glorifique!*

Pero si Cristo está en vosotros, el cuerpo en verdad está muerto a causa del pecado, mas el espíritu vive a causa de la justicia. Y si el Espíritu de aquel que levantó de los muertos a Jesús mora en vosotros, el que levantó de los muertos a Cristo Jesús vivificará también vuestros cuerpos mortales por su Espíritu que mora en vosotros.
—**Romanos 8:10–11**

Pues es por creer en tu corazón que eres declarado justo a los ojos de Dios y es por confesarlo con tu boca que eres salvo.
—**Romanos 10:10**, NTV

Sea consciente de la justicia y reciba vida

Jesús fue resucitado de los muertos por el asombroso poder del Espíritu Santo. ¡El mismo poder que desafía la muerte y da vida reside en su espíritu "a causa de la justicia"!

Así que entre más esté usted consciente de que es justo por la obra consumada de Jesús, más liberará este divino poder dentro de usted para energizar su cuerpo y echar fuera toda debilidad y toda enfermedad.

¡Así es como usted permite que el poder salvífico y la vida de resurrección de Jesús inunde y pulse en cada parte de su cuerpo!

El Señor [...] escucha las oraciones de los justos.
—**Proverbios 15:29, NVI**

*... La oración ferviente de una persona justa tiene
mucho poder y da resultados maravillosos.*
—**Santiago 5:16, NTV**

*Muchas son las aflicciones del justo, pero
de todas ellas le librará Jehová.*
—**Salmos 34:19**

*El nombre del Señor es una fortaleza firme;
los justos corren a él y quedan a salvo.*
—**Proverbios 18:10, NTV**

Él lo escucha y lo libra

Amado, gracias a la obra consumada de Jesucristo en la cruz,
Dios lo ve justo cuando lo mira hoy.

Y gracias a que usted es justo a la vista de Dios...

¡Dios escucha sus oraciones y lo libra de toda tribulación!

Porque cual es su pensamiento en su corazón,
tal es él…
—Proverbios 23:7

*Cristo nos redimió de la maldición de la ley, hecho
por nosotros maldición (porque está escrito:
Maldito todo el que es colgado en un madero).*
—Gálatas 3:13

… Mas los justos reverdecerán como ramas.
—Proverbios 11:28

¿Cómo se ve a sí mismo?

La Biblia dice: "Cual es su pensamiento en su corazón, tal es él". Esto significa que la manera en que usted se vea a sí mismo determina su salud física. Así que ¿cómo se ve usted mismo en medio de sus síntomas, o después de escuchar el informe negativo de su médico?

Amado, la verdad es que a través de la obra consumada de Jesús en la cruz, usted es completamente justo y está completamente redimido de cada maldición de enfermedad. Usted es el amado hijo de Dios por el que Jesús hizo una obra completa para salvarlo, sanarlo y liberarlo.

No se vea a sí mismo como un enfermo que trata de ser sanado. Usted es el justo, amado y sanado hijo de Dios que está enfrentando algunos síntomas. ¡Tenga ánimo! No hay enfermedad o condición que sea mayor que la obra perfecta y consumada que Jesús ha logrado para usted. ¡Declare lo que usted ha sido hecho en Cristo y vea a su cuerpo manifestar esta verdad!

No prevalecerá ninguna arma que se forje contra ti
[…] Ésta es la herencia de los siervos del Señor, la
justicia que de mí procede —afirma el Señor—.
—**Isaías 54:17,** NVI

Serás establecida en justicia; lejos de ti estará
la opresión, y nada tendrás que temer; el terror
se apartará de ti, y no se te acercará.
—**Isaías 54:14,** NVI

La esperanza de los justos es alegría…
—**Proverbios 10:28**

¿Conoce lo que es legalmente suyo?

Recibir sanidad de Dios no se trata solamente de que ruegue por algo que Él ya hizo. Se trata de saber lo que ya es suyo legalmente a causa de la cruz. Se trata de que usted crea que de la misma manera en que ha sido justamente perdonado es la manera en que Dios ya lo ha sanado justamente.

Cuando tenga una revelación de esto, una vez que cualquier síntoma comience a aparecer, declarará con fe en su corazón: "¡NINGUNA ENFERMEDAD prosperará en mi cuerpo!". Una vez que esté establecido en la posición correcta que Dios le ha dado a través de Cristo, los temores que quizá tenga ahora acerca de no ser sanado se disiparán como neblina bajo el sol resplandeciente. ¡Y verá cada esperanza que usted tiene como la manifestación justa en su cuerpo y en cada área de su vida!

El justo se ve coronado de bendiciones…
—**Proverbios 10:6, nvi**

… la justicia conduce a la vida…
—**Proverbios 11:19**

… el justo está confiado como un león.
—**Proverbios 28:1**

El fruto del justo es árbol de vida…
—**Proverbios 11:30**

Si cree bien, vivirá bien

Cuando reciba revelación de su correcta posición delante de Dios, todo se alineará en su vida, incluyendo su salud física. Esto significa que cada órgano en su cuerpo—su corazón, pulmones, estómago, riñones, hígado—funcionará correctamente. Usted experimentará fuerza divina, salud, sanidad y vida en su cuerpo. Cuando sepa que está bien con el Señor, su mente también estará bien: estable, sana y llena de paz. La depresión ya no podrá invadirlo o permanecer en su mente o alma. Los temores, los ataques de pánico y las fobias se evaporarán y una nueva emoción, denuedo y expectación de buena voluntad vendrá sobre usted ¡y hará que experimente las bendiciones que Dios tiene para usted! ¡Amado, lo insto a crecer en la revelación de que usted está en buena posición delante de Dios!

El justo es librado de la tribulación…
—**Proverbios 11:8**

*… la salvación de los justos es de Jehová, y él
es su fortaleza en el tiempo de la angustia.*
—**Salmos 37:39**

Porque el Señor cuida el camino de los justos…
—**Salmos 1:6, niv**

*Porque tú, oh Jehová, bendecirás al justo; como
con un escudo lo rodearás de tu favor.*
—**Salmos 5:12**

La Palabra de Dios es vida y salud

La Biblia tiene una clave sencilla para caminar en vida y salud todos los días. Proverbios 4:20–22, nos exhorta:

Hijo mío, está atento a mis palabras; inclina tu oído a mis razones. No se aparten de tus ojos; guárdalas en medio de tu corazón; porque son vida a los que las hallan, y medicina a todo su cuerpo.

Tome tiempo hoy para llenar su corazón y renovar su mente con las promesas de Dios para usted, ¡justicia de Dios!

Acerquémonos, pues, confiadamente al trono
de la gracia, para alcanzar misericordia y
hallar gracia para el oportuno socorro.
—Hebreos 4:16

Claman los justos, y Jehová oye, y los
libra de todas sus angustias.
—Salmos 34:17

Porque los ojos del Señor están sobre los
justos, y sus oídos atentos a sus oraciones.
—1 Pedro 3:12

¡Entre confiadamente!

Dios lo ha hecho justo a través de la cruz de Jesús para que siempre pueda entrar **confiadamente** a su presencia y encontrar un trono de gracia y no de juicio.

Usted necesita saber que Dios lo ha hecho justo a sus ojos de modo que pueda aceptar su invitación de entrar confiadamente, siempre esperando "alcanzar misericordia y hallar gracia para el oportuno socorro", desde el síntoma más pequeño de su cuerpo al más debilitante.

Hoy, venga confiadamente a Aquel que lo ama apasionada e incondicionalmente. Venga confiadamente a Aquel que conoce cada síntoma en su cuerpo y quien tiene la sanidad que necesita. ¡Él espera ansioso a que usted tome confiadamente de su misericordia y gracia!

CAPÍTULO 4

Vea su gracia y sea sanado

Cuando oyó hablar de Jesús, se le acercó por detrás entre la gente y le tocó el manto. Pensaba: «Si logro tocar siquiera su ropa, quedaré sana.» Al instante cesó su hemorragia, y se dio cuenta de que su cuerpo había quedado libre de esa aflicción. Al momento también Jesús se dio cuenta de que de él había salido poder, así que se volvió hacia la gente y preguntó:

—¿Quién me ha tocado la ropa?

—Ves que te apretuja la gente —le contestaron sus discípulos—, y aun así preguntas: "¿Quién me ha tocado?"

Pero Jesús seguía mirando a su alrededor para ver quién lo había hecho. La mujer, sabiendo lo que le había sucedido, se acercó temblando de miedo y, arrojándose a sus pies, le confesó toda la verdad.

—¡Hija, tu fe te ha sanado! —le dijo Jesús—.
Vete en paz y queda sana de tu aflicción.
—Marcos 5:27–34, NVI

Vea la gracia de Jesús y Él verá su fe

"No creo tener suficiente fe para ser sanado". Amigo, no se trata de que usted vea qué tanta fe tiene. Ese es el departamento de Dios. Todo lo que usted necesita hacer es simplemente ver lo generoso que es Dios con usted.

La mujer con la hemorragia no iba por allí diciendo: "**Tengo** que tener fe. **Tengo** que tener fe…". No, ella no estaba consciente de su fe (o de su falta de ella). Ella estaba consciente de Jesús y de su bondad. ¿Cómo? Ella escuchó acerca de Jesús. Ella seguramente escuchó todo acerca de su benevolencia hacia los enfermos y los oprimidos, y cómo los sanó y los liberó a TODOS.

Ella simplemente vio a Jesús en su gracia, y Jesús vio su fe y la confirmó en ella: "Hija, tu fe te ha sanado". Amado, solamente enfóquese en la gracia de Jesús. Vea cómo Él sanó a TODOS sin distinción y ¡siga escuchando acerca de su bondad!

Y aquella noche comerán la carne asada al fuego, y
panes sin levadura; con hierbas amargas lo comerán.
—**Éxodo 12:8**

Los sacó con plata y oro; y no hubo en sus tribus enfermo.
—**Salmos 105:37**

El siguiente día vio Juan a Jesús que venía a él, y dijo: He
aquí el Cordero de Dios, que quita el pecado del mundo.
—**Juan 1:29**

"Asado al fuego"

Se libraron de la esclavitud y el cautiverio comiendo.

Dios le dijo a su pueblo que tomaran un cordero por cada familia, lo asaran, aplicaran su sangre en los postes de la puerta y que comieran el cordero asado en su casa esa noche. Al día siguiente, todos los israelitas, sin ningún débil entre ellos, salieron de Egipto a la libertad.

¿Por qué comer cordero asado? Porque era una imagen de Jesús, el verdadero Cordero de Dios, extinguiendo la ira encendida de Dios por todos nuestros pecados y pagando el precio completo por nuestra sanidad en la cruz.

El cordero físico asado que ellos comieron era una sombra. Hoy, usted tiene lo real. Siempre que participe de la Santa Comunión, vea al verdadero Cordero de Dios juzgado por sus pecados y enfermedades. ¡Él lo ha liberado y librado de toda enfermedad!

¿Está usted consciente
DE SU FE?

¿O está consciente de
LA GRACIA
DE DIOS?

Vea a **Jesús** en
su gracia y
Él lo verá
en su **fe**.

*Él mismo cargó nuestros pecados sobre su cuerpo en la
cruz, para que nosotros podamos estar muertos al pecado
y vivir para lo que es recto. Por sus heridas, son sanados.*
—**1 Pedro 2:24,** NTV

*Mi vida se derrama como el agua, y todos
mis huesos se han dislocado. Mi corazón es
como cera que se derrite dentro de mí.*
—**Salmos 22:14,** NTV

*Contar puedo todos mis huesos; entre
tanto, ellos me miran y me observan.*
—**Salmos 22:17**

Vea a Jesús juzgado por su causa

Ver la gracia de Dios hacia nosotros cuando estamos enfermos
es ver lo que Jesús hizo por nosotros en la cruz. Así como fue
importante que los israelitas comieran el cordero asado antes de
salir libres al día siguiente, Dios quiere que usted vea su provisión
para su sanidad—Jesús, el verdadero Cordero de Dios—"asado".
Él quiere que usted vea a Jesús GOLPEADO por su juicio para
su liberación y redención.

Vea a Jesús llevando sus síntomas y enfermedades en su propio
cuerpo. Véalo recibiendo un latigazo tras otro hasta que su
espalda fue hecha jirones. ¡Véalo caer una y otra vez bajo la
brutalidad de la flagelación, solamente para levantarse otra
vez y otra vez para ser golpeado más hasta que TODAS sus
enfermedades fueran sanadas!

Verdaderamente él soportó todos nuestros
sufrimientos y cargó con nuestros dolores.
—Isaías 53:4, PDT

Pero quiso el Señor quebrantarlo,
sometiéndolo a padecimiento.
—Isaías 53:10, NBLH

Vea a Jesús golpeado por sus enfermedades

Mi esposa, Wendy una vez padeció de urticaria. La comezón era tan fuerte que no pudo dormir durante varias noches, y los medicamentos no eran de mucha ayuda.

Su avance vino cuando ella vio lo mucho que Jesús sufrió para que ella estuviera bien. Mientras daba vueltas en cama una noche, se imaginó a Jesús en la cruz, golpeado con su enfermedad. Ella vio sus manos clavadas al leño, y el Espíritu Santo produjo una impresión en su corazón: "Por lo menos tú te puedes rascar, Él no pudo". Las lágrimas inundaron sus ojos. A la mañana siguiente, ¡estaba sanada!

Amado, vea su gracia hacia usted en su disposición para cargar todas sus enfermedades y dolores. ¡CON TODA SEGURIDAD Él ya lo sanó!

Jesús fue
juzgado, quemado, golpeado
y molido.

¡El precio por su salud y restauración *ha sido pagado!*

*¿Está alguno enfermo entre vosotros? Llame a los
ancianos de la iglesia, y oren por él, ungiéndole
con aceite en el nombre del Señor. Y la oración de
fe salvará al enfermo, y el Señor lo levantará.*
—Santiago 5:14–15

*Y estando en agonía, oraba más intensamente; y era su sudor
como grandes gotas de sangre que caían hasta la tierra.*
—Lucas 22:44

*Mas él herido fue por nuestras rebeliones, molido
por nuestros pecados; el castigo de nuestra paz fue
sobre él, y por su llaga fuimos nosotros curados.*
—Isaías 53:5

… y el yugo se pudrirá a causa de la unción.
—Isaías 10:27

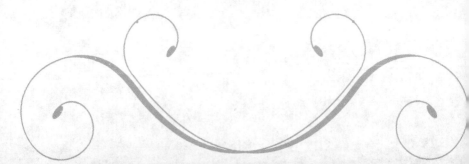

Vea a Jesús molido por su restauración

¿Por qué la Biblia habla acerca de ungir a los enfermos con aceite? ¿Hay algo mágico acerca del santo aceite de la unción? No, mi amigo. Cuando ungimos nuestros cuerpos enfermos con aceite, simplemente estamos liberando nuestra fe en la obra terminada de Jesús. Él fue molido por nuestras iniquidades para que pudiéramos ser sanados.

Antes de que se pueda hacer el aceite de la unción, la oliva se debe machacar en una prensa. De la misma manera, antes de que la sanidad nos pueda ser dispensada, Jesús tuvo que ser molido. Su molienda comenzó en Getsemaní, que quiere decir "prensa de aceite", y continuó en el poste de flagelación, terminando solamente con su muerte en la cruz.

Amado, siempre que utilice el aceite de la unción que rompe yugos, vea a Jesús molido por su sanidad. ¡Vea la agonía que soportó con el fin de que su gracia sanadora fuera impartida con toda justicia sobre usted!

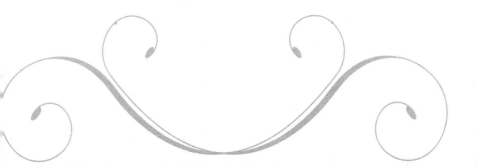

Al momento también Jesús se dio cuenta de que de él había
salido poder, así que se volvió hacia la gente y preguntó:
—¿Quién me ha tocado la ropa?
—Ves que te apretuja la gente —le contestaron sus
discípulos—, y aun así preguntas: "¿Quién me ha tocado?"
Pero Jesús seguía mirando a su alrededor para ver
quién lo había hecho. La mujer, sabiendo lo que
le había sucedido, se acercó temblando de miedo y,
arrojándose a sus pies, le confesó toda la verdad.
—¡Hija, tu fe te ha sanado! —le dijo Jesús—. Vete
en paz y queda sana de tu aflicción.
—Marcos 5:30–34, NVI

Jesús se agrada cuando toma de Él

En la sanidad de la mujer con la hemorragia, uno podría decir
que la mujer se acercó a hurtadillas por detrás de Jesús ¡y "robó"
su sanidad! ¿Pero se ofendió Jesús? ¡Para nada! De hecho, Él se
agradó tanto de su valentía que quiso conocerla.

Jesús no la buscó para reprenderla. No, la buscó para poder
afirmarla con su amor y asegurarle que no estaba enojado con
ella por haberle arrebatado una porción de su poder sanador.
Por eso es que incluso la llamó "hija" y la animó a caminar en su
sanidad: "Vete en paz y queda sana de tu aflicción".

Amado, ese es el corazón de su Salvador. Él da libremente su
poder sanador a cualquiera que lo quiera tomar de Él. ¡Así que
extienda su mano y tómelo de Él en este momento y complazca
su corazón!

Jesús le dijo: Si puedes creer, al que cree todo le es posible.
—**Marcos 9:23**

Mantengamos firme la esperanza que profesamos,
porque fiel es el que hizo la promesa.
—**Hebreos 10:23, NVI**

Jehová de los ejércitos, dichoso el hombre que en ti confía.
—**Salmos 84:12**

Jesús: Aquel que siempre cree

Marcos 9:23 ha sido enseñado tradicionalmente que significa que usted puede tener su milagro si USTED cree. Si no puede creer, entonces Jesús no le va a dar su milagro.

Pero si estudia la estructura griega del versículo, de hecho está diciendo: "¿Puedes creer que todas las cosas son posibles para Él [Jesús] quien siempre cree?".

¡Esto hace el mundo de diferencia! No se trata de lo bien o de lo mucho que usted pueda creer, sino a QUIÉN le cree. **Jesús es el único cuya fe es siempre constante y nunca vacila.** ¡Su fe nunca falla! Y si usted puede creer que todo es posible para Jesús que nunca duda, nunca vacila, ¡entonces está en camino de recibir su milagro!

Amado, tenga fe, no en su fe, sino en **Él**, ¡quien siempre cree y siempre quiere hacerle bien!

Por tanto, nosotros todos, mirando a cara descubierta
como en un espejo la gloria del Señor, somos
transformados de gloria en gloria en la misma
imagen, como por el Espíritu del Señor.

—**2 Corintios 3:18**

Den gracias al Señor, porque El es bueno;
porque para siempre es Su misericordia.

—**Salmos 107:1**, NBLH

Simplemente vea la bondad de Jesús en la Palabra

En una ocasión estaba padeciendo una fiebre terrible. Busqué al Señor y me dijo que simplemente leyera acerca de sus milagros de sanidad en los Evangelios. Incluso me dijo que me olvidara de la doctrina y que solamente me enfocara en su gracia, compasión y disposición para sanar a los enfermos.

Ahondando en las Escrituras, pronto me encontré en la presencia de mi sanador y dador de vida. Me sumergí en su amor por mí y simplemente vi su bondad y disposición para sanarme, ya que había sanado a **cada persona** que había acudido a Él en búsqueda de sanidad. No pasó mucho tiempo antes de que la fiebre se fuera.

Amado, sin aspavientos espirituales, sino por solamente ver a Jesús y su gracia en la Escritura usted puede ser transformado a su semejanza—lo cual incluye tener su vida de resurrección— ¡inconscientemente y sin esfuerzo!

Fijemos la mirada en Jesús, el iniciador y perfeccionador de nuestra fe…
—**Hebreos 12:2, NVI**

No se enfoque *en si tiene suficiente fe o* **no** *para ser sanado.* **¡Fije su mirada** *en* **Jesús**, *el iniciador y perfeccionador de su fe!*

*… expulsó a los espíritus con Su palabra, y
sanó a todos los que estaban enfermos.*
—Mateo 8:16, NBLH

… y le siguió mucha gente, y sanaba a todos.
—Mateo12:15

*Y toda la gente procuraba tocarle, porque
poder salía de él y sanaba a todos.*
—Lucas 6:19

*… Dios ungió con el Espíritu Santo y con poder a Jesús de
Nazaret, y cómo éste anduvo haciendo bienes y sanando a
todos los oprimidos por el diablo, porque Dios estaba con él.*
—Hechos 10:38

Amor incondicional y sanidad

No importaba quiénes eran o qué tipo de cosas habían hecho en el pasado. Siempre y cuando lo buscaran para sanidad, Jesús los sanaba con gusto y generosidad. Nunca les preguntaba qué habían hecho o qué no, o si se habían arrepentido. Nunca les pidió que firmaran un compromiso para seguirlo y nunca le dijo a nadie que no lo sanaría porque merecía estar enfermo.

Es verdad que ninguno de ellos era perfecto en sus pensamientos o comportamiento. Con toda seguridad había algunos que acudían a Él sin una fe fuerte. No obstante, nada de esto le importaba a Jesús. Todo lo que le importaba era que habían estado sufriendo y que necesitaban ser liberados.

Amado, vea a este compasivo Salvador cuando acuda a Él para sanidad. Él no le pone exigencias ni condiciones. ¡Simplemente quiere sanarlo y liberarlo!

Pero éste es el nuevo pacto que haré con el pueblo de Israel en
ese día, dice el Señor: pondré mis leyes en su mente
y las escribiré en su corazón. Yo seré su Dios,
y ellos serán mi pueblo. Y no habrá necesidad
de enseñar a sus vecinos ni habrá necesidad
de enseñar a sus parientes, diciendo:
"Deberías conocer al Señor".
Pues todos ya me conocerán, desde el más pequeño
hasta el más grande. Y perdonaré sus maldades
y nunca más me acordaré de sus pecados.
—Hebreos 8:10–12, NTV

Lo haré… lo haré… lo haré

El nuevo pacto de gracia en el que estamos viviendo hoy se trata
de Dios diciendo: "Lo haré… lo haré… lo haré", por ti. Se trata
de **Dios haciendo** y bendiciéndolo, no de usted tratando de
obtener sus bendiciones a través **de sus acciones**.

Mi amigo, si usted viene hoy a Dios y le pregunta: "Padre,
¿podrías sanarnos a mi hijo y a mí a pesar de todo lo malo que he
hecho?". Él le va a decir: "LO HARÉ".

Amado, Dios le dice: "TE SANARÉ a ti y a tus seres queridos.
SERÉ tu Dios, tu sanador y todo lo que necesites que sea para ti".
No trate de ganarse su sanidad cuando Jesús ya la pagó en la cruz.
Más bien, escúchelo decir: "LO HARÉ", ¡y véalo hacer por usted
lo que usted no puede hacer por sí mismo!

"Lo HARÉ…

…SIN interés alguno".

—Jesús

Sin embargo, les daré salud y los curaré; los sanaré y
haré que disfruten de abundante paz y seguridad.
—Jeremías 33:6, NVI

Mi Dios, pues, suplirá todo lo que os falta conforme
a sus riquezas en gloria en Cristo Jesús.
—Filipenses 4:19

La gracia del Señor Jesucristo esté con vosotros.
—1 corintios 16:23

Gracia que suple

El Señor me dijo una vez: "Estar bajo la gracia significa estar constantemente bajo mi provisión. Significa estar consciente, no de la necesidad, exigencia o crisis, sino de mi provisión para ti".

Mi amigo, la esencia de la gracia es proveer. Véase a sí mismo bajo su gracia a través de verse a sí mismo bajo la cascada de su provisión. ¿Necesita sanidad para su cuerpo hoy? ¡Vea el área de aflicción rodeada por su poder para sanar y su vida de resurrección!

Amado, gracias a la cruz, la gracia de Dios siempre está supliendo sanidad, protección, sabiduría y provisión. Y entre más es usted consciente de ello, ¡más caminará en ello!

*Aconteció también en otro día de reposo, que él entró
en la sinagoga y enseñaba; y estaba allí un hombre
que tenía seca la mano derecha […] Y mirándolos
a todos alrededor, dijo al hombre: Extiende tu
mano. Y él lo hizo así, y su mano fue restaurada.*
—**Lucas 6:6, 10**

Mi porción es Jehová, dijo mi alma; por tanto, en él esperaré.
—**Lamentaciones 3:24**

¡Vea su provisión!

Seguramente atrajo muchas miradas, algunas curiosas, otras compasivas, algunas posiblemente de disgusto. Para su poseedor y todo el que lo veía, la mano seca les decía "desafiante", "difícil" y muy probablemente, "imposible de sanar".

Pero donde otros veían la mano seca, Jesús solamente veía la provisión de Dios de sanidad y la restauración disponible para el hombre. Por eso es que le dijo: "Extiende tu mano". Jesús no vio lo que los demás vieron. Él solamente vio la **provisión superabundante de gracia** de su Padre sobre esa mano seca. ¡Él vio el corazón del padre para sanar y bendecir al hombre!

No se enfoque hoy en su dolor, los síntomas o el informe negativo del doctor. Sea una espalda adolorida, un corazón enfermizo o una matriz estéril, vea su poder sanador envolviendo su cuerpo. ¡Vea su gracia supliéndole vida y salud!

*Y este mismo Dios quien me cuida suplirá todo
lo que necesiten, de las gloriosas riquezas que
nos ha dado por medio de Cristo Jesús.*
—Filipenses 4:19, NTV

La provisión de Dios para usted es
**extremadamente
abundante,
sobre todo**
lo que pueda pedir o pensar.

Y los siervos del rey de Siria le dijeron: Sus dioses son dioses de los montes, por eso nos han vencido; mas si peleáremos con ellos en la llanura, se verá si no los vencemos [...] Vino entonces el varón de Dios al rey de Israel, y le habló diciendo: Así dijo Jehová: Por cuanto los sirios han dicho: Jehová es Dios de los montes, y no Dios de los valles, yo entregaré toda esta gran multitud en tu mano, para que conozcáis que yo soy Jehová.
—1 Reyes 20:23, 28

No temas, porque yo estoy contigo; no desmayes, porque yo soy tu Dios que te esfuerzo; siempre te ayudaré, siempre te sustentaré con la diestra de mi justicia.
—Isaías 41:10

También es Dios de valles

En los momentos más oscuros de nuestra vida, a menudo sentimos como si Dios estuviera a mil kilómetros de distancia. *Dios está con nosotros en las cumbres,* pensamos, *pero en los valles estamos solos.*

Nada podría estar más lejos de la verdad. En 1 Reyes 20, al rey de Siria se le informó que Siria había peleado con Israel en los montes y que había perdido porque el Dios de Israel era Dios de los montes. Así que si peleaban contra los israelitas en los valles, ganarían. Por supuesto, como los sirios estaban mal informados volvieron a perder porque ¡**Dios es Dios de los valles también**!

Mi amigo, no hay ningún lugar al que pueda ir donde no esté cubierto por la misericordia y gracia de Dios. Sea que esté en el meollo de la salud o terriblemente enfermo en el valle de sombra de muerte, Él está con usted y nunca lo dejará ni lo abandonará. Así que no pierda la esperanza. El Dios de los valles es su fuerza. ¡Él lo sostendrá con la diestra de su justicia y lo librará de sus enemigos!

Aunque ande en valle de sombra de muerte, no
temeré mal alguno, porque tú estarás conmigo;
tu vara y tu cayado me infundirán aliento.
—Salmos 23:4

… Porque él dijo: No te desampararé, ni te dejaré;
de manera que podemos decir confiadamente:
El Señor es mi ayudador; no temeré…
—Hebreos 13:5-6

Como un pastor que cuida su rebaño, recoge los
corderos en sus brazos; los lleva junto a su pecho…
—Isaías 40:11, nvi

Liberación en el valle

Frío. Solitario. Atemorizante. Abismal. En el valle de sombra de muerte batallamos con la desesperanza y el temor de ser abandonados.

Pero vea cómo Jesús, nuestro buen pastor, vigila sobre nosotros y nos libera incluso aunque entremos—no por su guía—en el valle de sombra de muerte. En ese valle, Él sigue con nosotros. Él no está con nosotros para decir: "Te lo dije". Él no está parado allí con los brazos cruzados para ver cómo salimos del problema en el que nos metimos. No, Él está con nosotros para protegernos y librarnos del maligno con su vara y su cayado.

Amado, Jesús es un pastor cuyo tierno corazón hacia usted nunca le permitirá abandonarlo cuando más lo necesite. Véalo protegiéndolo, liberándolo de la muerte y llevándolo sano y salvo a través de cada temporada de oscuridad.

"Jamás
te dejaré…

N...ni te desampararé".

—*Jesús*

CAPÍTULO 5

Repose en la obra
consumada

Después de probar el vino, Jesús dijo: «¡Todo ha terminado!».
Entonces inclinó la cabeza y entregó su espíritu.
—Juan 19:30, NTV

Pero los que hemos creído entramos en el reposo…
—Hebreos 4:3

Por tanto, queda un reposo para el pueblo de Dios.
Porque el que ha entrado en su reposo, también ha
reposado de sus obras, como Dios de las suyas.
—Hebreos 4:9–10

Repose: La obra está terminada

A menudo me han preguntado: "Pastor Prince, ¿cómo puedo reposar en la obra consumada de Jesús de manera que pueda recibir mi milagro?".

Mi respuesta siempre es: "Vea la obra terminada".

Amado, cuando **crea en la obra consumada y vea** cómo sus pecados y enfermedades ya han sido clavados o *terminados* en la cruz de Cristo, su alma encontrará descanso. Usted ya no va a estar atribulado ni agitado, tratando de ser sanado porque los síntomas persistan, sino que estará en un lugar de reposo y fe. Y cuando esté en reposo y en fe, ¡su sanidad estará solamente a la vuelta de la esquina!

Esforcémonos, pues, por entrar en ese reposo…
—**Hebreos 4:11**, NVI

Entonces, hagamos todo lo posible
por entrar en ese descanso…
—**Hebreos 4:11**, NTV

Por nada estéis afanosos, sino sean conocidas
vuestras peticiones delante de Dios en toda oración
y ruego, con acción de gracias. Y la paz de Dios, que
sobrepasa todo entendimiento, guardará vuestros
corazones y vuestros pensamientos en Cristo Jesús.
—**Filipenses 4:6–7**

Esfuércese por entrar en ese reposo

"¡No se quede allí parado, haga algo!".

Nuestra tendencia humana es preocuparnos y temer, e intentar todo tipo de métodos para resolver el problema. Se nos hace sumamente difícil solamente confiar en el Señor y reposar en su obra consumada.

Por eso es que la Biblia dice que debemos **esforzarnos** por entrar en su reposo. Eso suena como a un oxímoron, ¿no? Pero la verdad es que se requiere cierto "esfuerzo" de nuestra parte para estar en reposo.

¡Amado, en lugar de hacer cada esfuerzo para ser sanado, el Señor quiere que haga todo esfuerzo para estar en reposo!

No trate de obtener
su sanidad por sus
propios esfuerzos.

Haga todo lo posible por estar en **reposo.**

... cuando venga el Espíritu de verdad, él
os guiará a toda la verdad...
—Juan 16:13

Porque los que son de la carne piensan en las cosas
de la carne; pero los que son del Espíritu, en las
cosas del Espíritu. Porque el ocuparse de la carne es
muerte, pero el ocuparse del Espíritu es vida y paz.
—Romanos 8:5–6

El reposo es una actividad dirigida por el Espíritu

Reposar en la obra consumada de Jesús no es inactividad o pereza. El reposo siempre dará como resultado una actividad dirigida por el Espíritu Santo.

Mientras que usted está confiando en Dios por su sanidad, quizá necesite sabiduría específica para tratar de manera práctica con sus síntomas físicos. Esto proviene del Espíritu Santo. Él quiere guiarlo a toda verdad y conducirlo a la victoria.

Por ejemplo, si tiene una úlcera estomacal, quizá le diga: "Detenga toda actividad estresante", o: "Pase más tiempo jugando con sus hijos". ¡Como ve, Él sabe exactamente cuál es el problema y tiene la solución perfecta que generará los resultados que usted desea!

Amado, si vive por el Espíritu y sigue sus impulsos, encontrará ¡vida, paz y victoria!

> *Y si por gracia, ya no es por obras; de otra manera*
> *la gracia ya no es gracia. Y si por obras, ya no es*
> *gracia; de otra manera la obra ya no es obra.*
> —**Romanos 11:6**

Actúe desde el reposo

Ya sea participar de la Santa Comunión o confesar la Palabra de Dios, haga estas cosas con base en el reposo. No sienta como si necesitara exigirse a sí mismo ser sanado. Mi amigo, usted no puede obtener su sanidad. Es algo que Dios le da por su gracia.

Amado, Dios quiere que usted vea que Jesús ya pagó por su sanidad. Hoy, Él está tan complacido con la obra consumada de Jesús que **está más que feliz de suplir abundantemente** toda la sanidad (¡y más!) que usted desee.

Cuando usted verdaderamente tenga una revelación de esto, nada lo detendrá de declarar su Palabra sobre sí mismo y correr a la mesa del Señor con acciones de gracias y expectativa. ¡Y cuando actúe en fe con base en el reposo, no va a pasar mucho tiempo antes de ver que su milagro se manifieste!

*…dijo Jesús: «Vengan a mí todos los que están cansados
y llevan cargas pesadas, y yo les daré descanso.*
—Mateo 11:28, NTV

La paz os dejo, mi paz os doy…
—Juan 14:27

*Pero los que esperan a Jehová tendrán nuevas
fuerzas; levantarán alas como las águilas; correrán, y
no se cansarán; caminarán, y no se fatigarán.*
—Isaías 40:31

Jesús le da descanso

No necesita ser un erudito en la Biblia o un teólogo para entender el reposo. Solamente necesita ser alguien que conoce a Jesús ¡porque Jesús es el que le da el reposo!

Mi amigo, si usted está cansado, confundido y fatigado por todos sus esfuerzos para ser sanado, solamente vaya a Él en este momento y dígale: "Jesús, estoy tan cansado y confundido. Y asustado también. Por favor sostenme en tus brazos y dame reposo".

Usted no necesita decir algo si no lo desea. Puede solamente llorar en su presencia. Amado, Él ya sabe por lo que está pasando. Y el que guarda sus lágrimas en una redoma con toda seguridad le dará reposo y paz. ¡Lo levantará y lo fortalecerá!

"*Vengan a mí*...

... *y* les daré *reposo*".

—*Jesús*

Entonces Noemí dijo: Espérate, hija mía, hasta que
sepas cómo se resuelve el asunto; porque aquel hombre
no descansará hasta que concluya el asunto hoy.
—**Rut 3:18**

… Él es Dios fiel, quien cumple su
pacto por mil generaciones…
—**Deuteronomio 7:9**, NTV

… sé en quién he creído, y estoy seguro de que tiene poder
para guardar hasta aquel día lo que le he confiado…
—**2 Timoteo 1:12**, NVI

Cuando usted reposa Él trabaja

La historia de Rut en el Antiguo Testamento es una historia de amor de la que me encanta predicar. Rut era una viuda gentil pobre, que terminó casándose con Booz, un pariente pudiente, honorable que estuvo dispuesto a redimirla de su lastimosa vida.

En la historia, hay una escena en la que a Rut le dice Noemí, su suegra, que espere, porque ella sabía que Booz era una persona que no descansaría hasta que terminara el asunto de redimir a Rut ese día.

Mi amigo, cuando usted espera frente a los síntomas persistentes, Jesús, su pariente cercano, su dispuesto y hábil Redentor, va a trabajar a su favor. Y Él no descansará hasta que su caso sea resuelto. Así que descanse de sus esfuerzos propios, ¡y permítale trabajar en su caso!

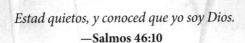

Estad quietos, y conoced que yo soy Dios.
—Salmos 46:10

Esté quieto.

Deje ir y permítale a Dios
que sea Dios para usted.
Permítale darle su milagro de sanidad.

…No se turbe vuestro corazón, ni tenga miedo.
—Juan 14:27

Por sobre todas las cosas cuida tu corazón,
porque de él mana la vida.
—Proverbios 4:23, NVI

Sobre todas las cosas cuida tu corazón, porque
éste determina el rumbo de tu vida.
—Proverbios 4:23, NTV

Un corazón apacible es vida para el cuerpo…
—Proverbios 14:30, NBLH

Guarde su corazón

La Biblia nos dice que el corazón es de dónde surgen los asuntos de la vida. Lo que permitimos entrar en nuestro corazón afectará nuestros pensamientos, acciones e incluso nuestro cuerpo. ¡En otras palabras, la condición del corazón determina el curso de la vida de uno!

Por eso Jesús, quien nos heredó su paz, nos dice: "No se turbe vuestro corazón, ni tenga miedo". Así que si queremos andar en su paz y su reposo, necesitamos guardar nuestro corazón y no permitir que caiga en pensamientos negativos, preocupación y temor. El libro de la sabiduría [Proverbios], también nos dice que un corazón apacible y alegre promueve la salud.

Amado, van a haber muchas cosas en nuestra vida que vamos a querer "guardar", como nuestra salud o nuestra carrera, pero Dios quiere que guardemos nuestro corazón sobre todo lo demás, ¡y Él guardará el resto!

> *...cuando llegó la noche, les dijo: Pasemos al otro*
> *lado. Y despidiendo a la multitud, le tomaron como*
> *estaba, en la barca [...] Pero se levantó una gran*
> *tempestad de viento, y echaba las olas en la barca, de*
> *tal manera que ya se anegaba. Y él estaba en la popa,*
> *durmiendo sobre un cabezal; y le despertaron, y le*
> *dijeron: Maestro, ¿no tienes cuidado que perecemos? Y*
> *levantándose, reprendió al viento, y dijo al mar: Calla,*
> *enmudece. Y cesó el viento, y se hizo grande bonanza.*
> —**Marcos 4:35-39**

El Príncipe de Paz está con usted

El pánico llenó la barca azotada por la tormenta a medida que el agua helada entraba en ella. En minutos, los discípulos estaban gritando por sobre el rugir de los vientos: "Jesús, ¿no te importa? ¡Nos estamos ahogando!".

Bien dormido en la barca, el Príncipe de Paz se despertó y se puso de pie por el clamor de sus discípulos. Impertérrito por el viento y las olas, señaló la tormenta y dijo: "Calla, enmudece". De inmediato, las aguas turbulentas se hicieron tan suaves como el cristal.

Amado, si usted está luchando con una condición desafiante en su cuerpo en este momento, anímese. El Príncipe de Paz reside en usted. Usted NO se hundirá, ¡sino que SALDRÁ A FLOTE! Cuando se sienta abrumado, solamente clame a Él. Qué su paz inunde primero su corazón, ¡y luego cada parte de su cuerpo!

El corazón alegre
es una buena…

…MEDICINA.

—**Proverbios 17:22**, NTV

Como **Jesús**, el
Príncipe de Paz,
está en su barca...

...¡lo único que
se **va a hundir**
es su enfermedad y dolor!

Y levantándose, reprendió al viento, y dijo al mar: Calla, enmudece. Y cesó el viento, y se hizo grande bonanza. Y les dijo: ¿Por qué estáis así amedrentados? ¿Cómo no tenéis fe?

—**Marcos 4:39–40**

Tú guardarás en completa paz a aquel cuyo pensamiento en ti persevera; porque en ti ha confiado.

—**Isaías 26:3**

Pongan todas sus preocupaciones y ansiedades en las manos de Dios, porque él cuida de ustedes.

—**1 Pedro 5:7, NTV**

Guardado en perfecta paz

Creo que una razón por la que Jesús quizá calmó la tormenta en esta historia tan amada fue que era el único en la barca que estaba en paz. Y lo que estaba dentro de Él rebosó y afectó la tormenta afuera.

Después de que Jesús detuvo la tormenta a causa de sus discípulos, los corrigió por permitir que sus corazones se atribularan. Y en su amorosa represión, nos muestra cómo podemos tener paz en nuestro corazón. "¿Por qué estáis así amedrentados? —les preguntó—. ¿Cómo no tenéis fe?". En otras palabras: "¿Por qué toman tan poco de mí?".

Amado, Dios lo ama entrañablemente y quiere suplirle su salud y sanidad. Cuando usted sepa y crea esto, el temor huirá y la paz gobernará su corazón.

*…porque en lengua de tartamudos, y en extraña lengua
hablará a este pueblo, a los cuales él dijo: Este es el
reposo; dad reposo al cansado; y este es el refrigerio…*
—Isaías 28:11–12

Y él dijo: Mi presencia irá contigo, y te daré descanso.
—Éxodo 33:14

El reposo y refrigerio del Espíritu Santo

Quizá haya escuchado el término "R&R". Es comúnmente utilizado en la milicia y significa "reposo y relajación", y se programa después de un entrenamiento agotador o una misión en el extranjero. Los doctores también prescriben "descanso y rehabilitación" a los lesionados y enfermos.

Mi amigo, Dios tiene un R&R para usted también. Es llamado "el resposo y el refrigerio", y viene a través de orar en el Espíritu Santo o en lenguas.

Una de las mejores maneras para descansar y tener refrigerio, especialmente cuando está preocupado, fatigado o simplemente esperando la manifestación de su sanidad, es orar en el Espíritu Santo.

Amado, dése un poco de tiempo todos los días para orar en el Espíritu, ¡y permitirle rejuvenecerlo y refrescarlo sobrenaturalmente!

Además, el Espíritu Santo nos ayuda en nuestra debilidad. Por ejemplo, nosotros no sabemos qué quiere Dios que le pidamos en oración, pero el Espíritu Santo ora por nosotros con gemidos que no pueden expresarse con palabras. Y el Padre, quien conoce cada corazón, sabe lo que el Espíritu dice, porque el Espíritu intercede por nosotros, los creyentes, en armonía con la voluntad de Dios. Y sabemos que Dios hace que todas las cosas cooperen para el bien de los que lo aman y son llamados según el propósito que él tiene para ellos.
—**Romanos 8:26–28**, NTV

Que el Espíritu Santo interceda por usted

Algunas veces, cuando su sanidad no viene, no sabemos qué otra cosa orar. Hemos orado desde todo ángulo conocido, utilizando todas las Escrituras que conocemos, y aun así, no parece haber avance alguno.

Quiero que sepa que Dios nos ha dado un arma que derrumbará toda barrera: orar en lenguas. Cuando usted no sepa qué orar, ore en el Espíritu Santo y permítale interceder por usted. Él sabe exactamente cuál es el problema y cuál es la mejor solución. Él no solamente intercederá por usted en armonía con la voluntad de Dios, ¡sino que le dará descanso a su alma cansada!

Mi amigo, permítale al Espíritu Santo que interceda por usted, ¡y vea a Dios hacer que todo obre para bien en su cuerpo y su salud!

Por la fe también la misma Sara, siendo estéril, recibió
fuerza para concebir; y dio a luz aun fuera del tiempo de la
edad, porque creyó que era fiel quien lo había prometido.
—Hebreos 11:11

Si fuéremos infieles, él permanece fiel; él
no puede negarse a sí mismo.
—2 Timoteo 2:13

… "porque Yo velo sobre Mi palabra para cumplirla."
—Jeremías 1:12, NBLH

Crea que Dios es fiel

A menudo escuchamos acerca de la fe de Abraham, pero ¿sabía que su esposa Sara, tenía fe también? Recibió fortaleza divina para concebir a Isaac, a pesar de que para ese tiempo, como mujer que nunca había concebido, ¡era doblemente estéril!

¿Cómo encontró fe Sara? La Biblia nos dice que "creyó que era fiel quien lo había prometido". Ella era consciente de *la fidelidad de Dios*, ¡no de su propia fidelidad!

Mi amigo, descanse en la fidelidad de Jesús. No es su fe sino su fidelidad; su fidelidad en siempre amarlo, y en cumplir su promesa de sanarlo. Cuando se encuentre titubeando en su fe, crea que Él es fiel y repose. ¡Él no puede fallarle y hará según ha prometido en su Palabra!

Tómese
un DESCANSO
para ser refrescado y rejuvenecido.

Ore en el Espíritu.
Experimente

REPOSO &
REFRIGERIO,
al estilo del Espíritu Santo.

Entonces el Señor le dijo:
—Yo soy el Señor que te sacó de Ur de los caldeos
para darte esta tierra como posesión.
Pero Abram respondió:
—Oh Soberano Señor, ¿cómo puedo estar seguro
de que realmente voy a poseerla? [...] Entonces el
Señor hizo un pacto con Abram aquel día y dijo: «Yo
he entregado esta tierra a tus descendientes, desde
la frontera de Egipto hasta el gran río Éufrates.
—Génesis 15:7–8, 18, NTV

No olvidaré mi pacto, ni mudaré lo
que ha salido de mis labios.
—Salmos 89:34

...Jesús es quien garantiza este mejor pacto con Dios.
—Hebreos 7:22, NTV

Nuestro Dios que cumple el pacto

Cuando Dios le prometió a Abraham darle la tierra, Abraham preguntó: "¿Cómo puedo estar seguro?". Y como si su palabra no fuera suficiente, Dios fue un paso más allá e hizo un **pacto** con Abraham, comprometiéndose a sí mismo de manera irrevocable para asegurarle a su amigo que haría como había prometido.

Déjeme decirle algo acerca de los pactos de Dios. No se pueden romper, solamente pueden ser reemplazados con mejores pactos. Mi amigo, Dios hará como le ha prometido, y para tranquilizar su corazón, se vinculó a sí mismo a un **pacto** con usted cuando su representante, Jesús, lo hizo en el Calvario.

Así que descanse con tranquilidad sabiendo que tiene un Dios que guarda su pacto y que NO puede romper su pacto o retractarse de sus promesas. Simplemente descanse en SU fidelidad y, como Abraham, usted caminará en su herencia y sanidad.

Cuando nos
falta la fe...

...Él permanece ***fiel.***

Descanse en *su fidelidad* para sanarlo.

"Dijo el Señor a mi Señor: 'Siéntate a mi derecha,
hasta que ponga a tus enemigos debajo de tus pies.' "
—**Mateo 22:44**, NVI

Porque preciso es que él reine hasta que haya
puesto a todos sus enemigos debajo de sus pies.
Y el postrer enemigo que será destruido es la muerte.
—**1 Corintios 15:25–26**

Pues nos levantó de los muertos junto con
Cristo y nos sentó con él en los lugares celestiales,
porque estamos unidos a Cristo Jesús.
—**Efesios 2:6**, NTV

Permanezca sentado con Cristo

En algunas batallas antiguas, los conquistados eran puestos uno por uno debajo de los pies del rey victorioso. De la misma manera, en el Reino de Dios, Jesús ha vencido a todos sus enemigos en el Calvario, y Dios ahora los está poniendo uno por uno debajo de sus pies, siendo el último la muerte.

La Biblia dice que estamos sentados con Cristo: una posición de reposo. Y a medida que usted repose con Cristo, Dios pondrá cada uno de sus enemigos —cada síntoma y cada enfermedad— ¡bajo sus pies!

Muchos de nosotros queremos que nuestras enfermedades estén primero bajo nuestros pies, antes de descansar. Pero Dios quiere que descansemos primero, ¡y luego ÉL pondrá cada enfermedad bajo nuestros pies!

Jesús también dijo: «El reino de Dios es como un agricultor que esparce semilla en la tierra. Día y noche, sea que él esté dormido o despierto, la semilla brota y crece, pero él no entiende cómo sucede. La tierra produce las cosechas por sí sola. Primero aparece una hoja, luego se forma la espiga y finalmente el grano madura».
—**Marcos 4:26–28,** NTV

Pero otras semillas cayeron en tierra fértil, y germinaron y crecieron, ¡y produjeron una cosecha que fue treinta, sesenta y hasta cien veces más numerosa de lo que se había sembrado!
—**Marcos 4:8,** NTV

Hacia el ciento por uno

Primero la hoja, luego la espiga y luego el grano de trigo maduro. Así como a la semilla le toma tiempo brotar y crecer, quizá pase un poco de tiempo antes de que su sanidad se manifieste plenamente. Y del mismo modo en que un nuevo agricultor quizá vea un rendimiento de treinta o sesenta veces antes de ver un rendimiento de cien veces, quizá tome un poco de tiempo antes de que usted experimente la sanidad al cien por ciento.

Mi amigo, no diga: "¿Por qué se está tardando tanto mi sanidad?", y se rinda. Prosiga hacia el ciento por uno. A medida que mejora hasta llegar a treinta por ciento, confíe en Dios para el sesenta por ciento y luego para el cien por ciento.

No pierda el sueño por cuándo o cómo será la manifestación plena de su sanidad. Sea como el agricultor: ¡váyase a dormir! Descanse, y déjele a Dios el cómo y el cuándo. Amado, el Señor le dará fuerza para perseverar. ¡Su ciento por uno está en camino!

Todos los días se reunían en el templo, y en las casas partían
el pan y comían juntos con alegría y sencillez de corazón.
—Hechos 2:46, DHH

… el verdadero pan de Dios es el que
desciende del cielo y da vida al mundo.
—Juan 6:33, NTV

Jesús les dijo: Yo soy el pan de vida; el que a mí viene, nunca
tendrá hambre; y el que en mí cree, no tendrá sed jamás.
—Juan 6:35

… Y como tus días serán tus fuerzas.
—Deuteronomio 33:25

Continúe en la gracia de Dios

Le agradezco a Dios por la Santa Comunión porque cada vez que participamos, ingerimos y manifestamos más y más la vida y fortaleza de Jesús.

Amado, siga tomando la Comunión hasta que sea completamente sanado. A medida que lo hace, agradézcale a Dios que usted *ya está sanado* por las llagas de Jesús. Cuando beba de la copa, vea cómo Jesús ya *se ha llevado* cada pecado y lo ha redimido de la enfermedad. Vea la obra como **terminada y repose**, sabiendo que está **sentado** con Cristo.

Recuerde que solamente se trata de lo que nuestro Señor Jesús ha hecho. **Es únicamente su gracia**, su inmerecido favor hacia usted. A medida que participe de la comunión, vea a Jesús, el pan de vida, trabajando dentro de usted, ¡haciéndolo más fuerte y más fuerte cada día!

Por tanto, nosotros también, teniendo en derredor nuestro tan grande nube de testigos, despojémonos de todo peso […] y corramos con paciencia la carrera que tenemos por delante, puestos los ojos en Jesús, el autor y consumador de la fe, el cual por el gozo puesto delante de él sufrió la cruz, menospreciando el oprobio, y se sentó a la diestra del trono de Dios.

—Hebreos 12:1–2

He aquí que todos los que se enojan contra ti serán avergonzados y confundidos; serán como nada y perecerán los que contienden contigo. Buscarás a los que tienen contienda contigo, y no los hallarás; serán como nada, y como cosa que no es, aquellos que te hacen la guerra. Porque yo Jehová soy tu Dios, quien te sostiene de tu mano derecha, y te dice: No temas, yo te ayudo.

—Isaías 41:11–13

NO SE RINDA.
El cielo lo está vitoreando;
¡su **sanidad**
está a la vuelta de la esquina!

Oraciones

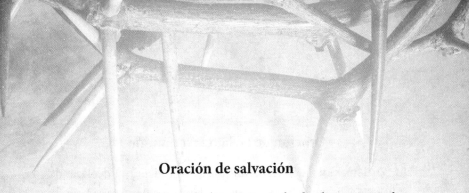

Oración de salvación

Si usted quiere recibir todo lo que Jesús ha hecho por usted y hacerlo su Señor y su Salvador, por favor haga esta oración:

Señor Jesús, gracias por amarme y morir por mí en la cruz. Tu preciosa sangre me lava de cada pecado. Tú eres mi Señor y Salvador, ahora y para siempre. Creo que resucitaste de los muertos y que estás vivo ahora. Gracias a tu obra consumada, ahora soy un amado hijo de Dios y el cielo es mi hogar. Gracias por darme vida eterna y llenar mi corazón con tu paz y gozo. Amén.

Oración de la Santa Comunión

Al participar de la Santa Comunión, siga viendo y declarando que usted ha sido sanado por las llagas de Jesús, y cómo su sangre ha lavado todos sus pecados y lo ha calificado para recibir su sanidad y salud.

Tome el pan en su mano y diga esto:

Gracias, Jesús, por tu cuerpo partido. Gracias por llevar mis síntomas y enfermedades en la cruz de modo que pueda tener tu salud y sanidad. Declaro que por tus llagas, por las golpizas que soportaste, los latigazos que te dieron en la espalda, soy completamente sano. Creo y recibo tu vida de resurrección en mi cuerpo hoy. (Coma del pan).

Ahora tome la copa en su mano y diga:

Gracias, Jesús, por tu sangre que me ha lavado más blanco que la nieve. Tu sangre me ha traído perdón y me ha hecho justo para siempre. Al beber, celebro y participo de la herencia de los justos, que incluye preservación, sanidad, restauración y todas tus bendiciones. (Beba del vino).

Gracias, Jesús. Te amo porque me amaste primero.

Oración del aceite de la unción

Usted puede acercarse a un pastor o líder de su iglesia para que ore y consagre el aceite por usted. Como rey y sacerdote en Cristo (Apocalipsis 1:6), usted también puede orar por el aceite y apartarlo para que sea santo. Esta es una oración para bendecir y santificar su aceite:

En el nombre de Jesús, aparto este aceite para ser aceite santo de la unción.

Jesús, te agradezco que fuiste molido por mi completa sanidad y restauración. Este santo aceite de la unción habla de la perfección de tu obra consumada. Te agradezco por que lo que este aceite toque, la plenitud de tu gracia, potencia y poder sanador fluya, conforme a tu Palabra en Marcos 6:13 y Santiago 5:14.

Te pido que donde se aplique este aceite, traiga gloria y alabanza para tu nombre. Amén.

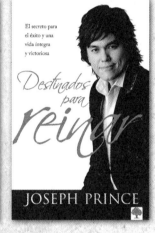

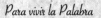

PRESENTAN:

Para vivir la Palabra

www.casacreacion.com

Te invitamos a que visites nuestra página web, donde podrás apreciar la pasión por la publicación de libros y Biblias:

www.casacreacion.com

Para vivir la Palabra